LE LIVRE DE VIE

ŒUVRE UNIVERSELLE

DE LUMIÈRE ET DE JUSTICE

LA CHUTE DU MONDE D'INIQUITÉS DANS L'ABIME
LE SALUT ET LA GLOIRE DE LA FRANCE RÉPUBLICAINE
DES RÉPUBLIQUES ET DE L'HUMANITÉ LIBRE
PAR L'AVÉNEMENT DU CHRISTIANISME SCIENTIFIQUE

PROFESSEUR HUREAUX
Auteur-Editeur
INSTITUT BOTANIQUE
NICE

LIBRAIRIE GÉNÉRALE
72, Boulevard Hausmann
PARIS

1888

LE
LIVRE DE VIE

ŒUVRE UNIVERSELLE
DE LUMIÈRE ET DE JUSTICE

LA CHUTE DU MONDE D'INIQUITÉS DANS L'ABIME
LE SALUT ET LA GLOIRE DE LA FRANCE RÉPUBLICAINE
DES RÉPUBLIQUES ET DE L'HUMANITÉ LIBRE
PAR L'AVÉNEMENT DU CHRISTIANISME SCIENTIFIQUE

PROFESSEUR HUREAUX
Auteur-Editeur
INSTITUT BOTANIQUE
NICE

LIBRAIRIE GÉNÉRALE
72, Boulevard Hausmann
PARIS

1888

LE SUJET TRAITÉ DANS L'OUVRAGE

I

Le Livre de Vie est une Œuvre universelle de Lumière et de Justice qui vient au secours du monde nouveau en voie de formation, et menacé par la corruption du vieux monde insolidaire succombant à toutes les cruautés de son égoïsme.

Sous le dénoûment fatal de la crise du vieux monde surgit le monde nouveau naissant de l'amour de l'Humanité et de la plus étroite solidarité des principes sacrés de Famille, de Travail, de Propriété et de Justice.

La Science de Vie nous apprend que ces éternels principes de société, bornés aux institutions autoritaires de la domination et de la foi, ne suffisent plus à la maturité des esprits, ni à la saine raison, qu'ils ont épuisé leur virtualité sociale des âges d'enfance de l'Humanité, et qu'ils retrouvent une virtualité nouvelle et plus puissante dans leur *Évolution majeure* suivant la progression des Ages,

Cette grande Evolution des temps nouveaux est une nouvelle étape sur le parcours de la Vie éternelle,

Qui affirme et retrempe la famille privée dans la *Famille sociétaire* des Communautés chrétiennes *majeures*,

Qui féconde le Travail individuel par l'organisation du *Travail collectif*,

Qui garantit la Propriété personnelle par la *Propriété communautaire*.

Enfin, qui moralise la justice par l'*Arbitrage amiable*.

Les fruits à recueillir de cette nouvelle synthèse de l'Humanité, gravitant par la régénération et le progrès vers l'infini divin, se résument :

Dans l'éclosion de la Foi évangélique à la Science universelle de Vie ;

Dans la révélation *scientifique* de la Loi suprême de solidarité sociale et de mutuelle pénétration de lumière et d'amour ;

Dans la constitution scientifique du Christianisme démocratique et social, réparti en Communautés majeures autonomes : Colonies agricoles, industrieuses, centre de lumière et de bien-être pour tous, grands producteurs de richesses et grands contribuables de l'Etat politique ;

Dans la conquête de l'Homme nouveau par l'Emancipation humaine, de l'Homme social aux mâles vertus de la souveraineté, affranchi de la maladie en son corps, de l'erreur en son esprit et de l'égoïsme en son âme ;

Dans la religion de l'avenir fondée sur le fonctionnement religieux de la Loi Sociale, Loi suprême de moralisation de laquelle précèdent tous les devoirs et tous les droits, la délimitation rigoureuse du vice et de la vertu, etc ;

Dans l'assiette morale du monde nouveau par l'alliance du Christianisme *scientifique* avec les Etats politiques républicains ;

Pour la France républicaine, dans la plus puissante autorité morale du droit sur la force des empires , et sur les prétentions monarchiques et théocratiques, déchues du droit de tutelle sur les peuples ;

Enfin, dans l'avénement final de l'Humanité passée *majeure* à la souveraineté morale et politique, sous la suprême autorité de la SCIENCE.

Au Monde nouveau, ouvert à l'éclat de la Science universelle de Vie, la gloire dans l'avenir !

Au vieux Monde, fermé à la Lumière Nouvelle, les abimes !

Le Christianisme spirituel de la Science de Vie est l'âme nécessaire à tout Corps politique républicain.

La République Française reste chétive et hésitante ; elle est sans autorité et sans défense, dans la crise formidable de la transformation sociale et politique des peuples ; parce qu'elle n'a pas encore le souffle moral de la Loi et des Principes sacrés de la Vie, qu'il faut greffer sur le sauvageon laïque.

Le Christianisme démocratique et social n'entend exercer aucun pouvoir politique, pour lequel il n'est pas constitué. Il se concentre dans sa vie intérieure et autonome de gouvernement communautaire. Il laisse l'Etat politique à ses agissements et à ses instincts, ainsi que la partie du monde qui reste livrée à la domination et aux servitudes jusqu'à sa consommation finale. Mais il exerce le pouvoir moral au sein de la Nation, sous l'autorité suprême de la Science de vie.

Les rapports des Communautés de renaissance sociale avec les pouvoirs politiques sont liés par une réciprocité de bons services, comme ceux de la vie végétative du grand sympathique avec les membres et les sens du corps humain, seuls chargés des rapports de la vie extérieure.

En résumé, le Christianisme démocratique et social, dont les droits spirituels sont indéniablement établis par la SCIENCE dans le cours de l'Ouvrage, est l'Eglise de la Raison Scientifique universelle, qu'il faut à toute Démocratie républicaine.

Le Christianisme Vivant n'est pas seulement la vie intérieure et sociale de la nation et de l'humanité majeure, le grand moralisateur : Il est le grand producteur de la richesse publique, le grand alimentateur et le plus grand contribuable de l'Etat politique républicain, qu'il considère comme le pouvoir central de la vie extérieure, et qu'il éclaire de la lumière nouvelle sur le chemin du salut et de la gloire.

II

Le Livre de Vie est aussi une Œuvre universelle de Salut et de Santé, et la constatation faite d'un danger universel.

Où se trouve le danger ?

Il est dans l'état du monde, mort à la vie morale ; dans l'état de nos âmes, fatalement livrées à l'égoïsme par les institutions viciées de ce monde ; dans l'état de nos esprits, livrés à l'erreur et à toutes les discussions ; et de nos corps, livrés à la maladie.

L'immense danger a ses racines dans le vieux monde usé, dans sa civilisation corrompue, masquée sous les apparences de la vertu et empoisonnant les consciences de sa fausse morale.

Le plus grand danger réside dans l'impuissance, le découragement, et la mesure d'extinction des personnes honnêtes et sincères, heureusement nombreuses encore dans toutes les classes, noyau inconscient de l'humanité future dépérissant chaque jour, et seul reste d'espoir fondé de l'avenir.

Le monde n'est plus qu'un cadavre de moralité ; tel que l'a reconnu l'Auteur dans son enquête expérimentale et douloureuse d'un demi siècle.

Le premier remède à trouver, le premier moyen de salut contre un mal incurable, c'est de mettre à jour le mal lui-même en démasquant le vieux monde, en le montrant dans sa terrifiante réalité, et en appelant sur lui les arrêts de la justice éternelle.

La Science universelle de Vie arrive à notre secours contre l'immense danger. Par sa lumière souveraine, triomphant des ténèbres du passé et éclairant le présent d'un jour nouveau, elle soumet le monde coupable à la conscience des honnêtes gens qui en font justice, en l'abandonnant à lui-même, à sa propre destruction par ses œuvres de mort,

La Science de Vie nous enseigne en même temps les moyens victorieux de nous délivrer nous-mêmes personnellement de notre égoïsme, des vices qu'il engendre, de nos erreurs et de nos maladies.

Au jour nouveau de l'Emancipation humaine, la Lumière Nouvelle réveille en nous les vertus viriles de la Liberté et de la Solidarité, et l'amour divin de la mutuelle pénétration des âmes dans l'unité de vues, de sentiments et d'intérêts, attendue de la société future et incompatible avec le monde actuel.

L'initiative, en fait, de l'Œuvre universelle de Salut et de Santé se borne tout d'abord à fonder l'**Institut de l'Émancipation Humaine**, qui comprendra :

I. L'Ecole de la Science universelle de Vie ou Science *Sociale* du Cœur et de la Raison universelle ;

II. L'Ecole du Droit Moral ;

III. L'Ecole de Médecine de la Nature Végétative et Végétale.

Antérieurement et préparatoirement à la fondation de l'Institut de l'Emancipation humaine, il conviendra de former dans les localités propices de petits Comités de Réunion pour Lectures et Conférences privées, en vue de se pénétrer mutuellement de la

Lumière Nouvelle. Il est surtout recommandé de faire les lectures courtes, fréquentes et de les méditer en commun.

Tous, plus ou moins esclaves des souffrances de la maladie, des mauvaises routes de la Vie prises par erreur, et des maux intarissables de l'égoïsme, auxquels nous condamne le vieux moule social, nous avons besoin de nous en affranchir. Cet affranchissement par nos propres efforts, telle est l'Emancipation *physique*, *intellectuelle* et *morale* de l'homme.

Le plus impérieux des devoirs, commandé par notre intérêt personnel et par l'intérêt commun, c'est-à-dire le devoir de Solidarité Sociale, nous ordonne à tous de concentrer nos premiers efforts, de les réunir en faisceaux, en vue des groupes de mutuelle Émancipation indiqués plus haut.

Le Livre de Vie sera la manifestation, affaiblie sans doute, du foyer de Lumière Nouvelle de la Science Souveraine qui nous apporte les renforts nécessaires au triomphe de la Vérité et de la Justice sur les mensonges et les iniquités du monde ; de la Solidarité Sociale sur l'égoïsme humain ; de la Santé sur la maladie ; de l'Humanité majeure sur le monde mineur dégénéré.

Tel sera le faible commencement de l'Œuvre Universelle de Salut et de Santé, dont l'accomplissement sera long, laborieux, et attend le concours actif de coopérateurs d'une puissante virtualité qui se produiront. Ce sera affaire de conscience personnelle, sans aucune attache ni intérêt placés en dehors de la loi de solidarité sociale, telle que l'a toujours pratiquée son promoteur, absolument libre et ne faisant partie d'aucune secte, ni association.

Le courage, la volonté d'homme mûr, les énergies viriles changeront l'axe social du monde ; rares vertus à réunir, mais il en faut.

La préparation à l'initiative de l'Œuvre universelle de Santé et de Salut a valu à son Auteur 50 ans de persécutions et de martyre. Il est mort à ce monde et à ses fausses gloires, mais vivant plus que jamais pour la vérité et la vraie justice, qui sont nécessaires au Salut des hommes et de l'Humanité, dans la solennelle transformation sociale de nos temps.

Tout le monde est averti que les jugements portés à l'occasion de cette grande fonction organique de la vie universelle seront les jugements même de la justice éternelle sur le compte de leurs auteurs, et que les indifférents qui n'auront porté aucun jugement, recevront, dans un sens négatif, les effets de cette suprême équité, dans le classement nouveau des destinées humaines.

C'est ainsi que dans les âges de liberté chacun devient l'arbitre de sa destinée dans la vie éternelle de l'âme, comme dans la vie temporelle du corps.

C'est avec une douleur extrême que je constate l'état désespérant de la société dans sa crise d'affranchissement et d'émancipation divine et humaine, dont elle ne semble pas avoir conscience.

Les classes dirigeantes ne font aucun effort pour s'affranchir des servitudes d'elles-mêmes, et poussent leur ignorance fatale jusqu'à ne pas comprendre l'Œuvre universelle de Salut et de Santé.

Mes Lecteurs et Lectrices, quelque peu nombreux que vous soyiez à la hauteur de la gravité des temps, chaque jour nourrissez-vous l'esprit et le cœur de quelques pages du *Livre de Vie* ; vous y trouverez le salut et la vie.

Appliquez-vous surtout à comprendre avec le cœur : la Science de Vie est la Science du cœur et de la raison universelle, prenant le pas sur la raison étroite de l'égoïsme humain, cause de toute destruction sociale.

La Science universelle de Vie est accessible à tout esprit majeur et à toute personne de cœur de l'instruction la plus élémentaire. Elle ne s'impose à aucune faiblesse, et ne se soumet à aucune prétention de vaine érudition. Elle est la synthèse universelle de la vie, tout d'une pièce, qui n'admet aucune contradiction et se prouve par elle-même comme le soleil.

LA FIN ET LE COMMENCEMENT

Affirmer des vérités éternelles, à la conquête desquelles on est parvenu, hors des études classiques et du giron officiel des académies, en dépit de ses docteurs, une telle prétention leur semble une énormité, qui ne mérite pas l'attention des gens sérieux et des sages du monde.

Les vérités cachées de la Vie n'appartiennent qu'à Dieu et sont inaccessibles à l'esprit humain, s'écrient les esprits fermés à l'avenir. Quel est le mortel assez audacieux pour prétendre dérober au Ciel ses mystères impénétrables ?

Ces exclamations ne prouvent rien et ne valent pas la moindre bonne raison. Elles sont le cri des préjugés, de l'ignorance et de l'état de minorité des esprits, entretenus par une foi autoritaire dégénérée en despotisme religieux et déteinte sur les doctrines philosophiques.

On ne peut arguer de la longue série des temps historiques, écoulés dans la privation des grandes vérités, que celles-ci ne puissent aujourd'hui se dévoiler à nous sous les démonstrations positives de la Science.

Les grandes vérités de fait : la vapeur, l'électricité et leurs merveilleuses applications, la photographie, l'imprimerie sont restées inconnues des premiers âges ; et cependant la terre est en possession depuis peu de temps de ces découvertes du génie humain, de ces agents gigantesques de transformation et de renaissance sociale, qui ont pour conséquence logique de préparer un monde nouveau et supérieur sur la planète.

Il est évident que ces grandes inventions ne sont pas venues pour rester au service de quelques empires divisés par la politique, ni pour servir d'ambitions personnelles, mais pour la grande patrie de l'humanité parvenue à l'unité sociale, à son heure, et qui ne se nourrit pas du sang de ses enfants.

L'arrivée de ces forces nouvelles d'ordre physique ne semble-t-elle pas attendre un avénement de lumière nouvelle d'ordre moral, pour établir dans un même concert la vie sur la planète !

Les lumières morales attendues pour élever le dégré de la vie sociale, d'où nous viendraient-elles, si non de l'esprit humain par une évolution majeure de sa logique !

Tel est le phénomène des temps : La logique de l'esprit humain, affranchie par la logique morale du cœur ou logique divine de l'âme, comprend la raison universelle des choses et les vérités humaines et divines.

Oui, nous sommes à un grand avénement de vérités supérieures et de haute justice, qui changera la face du monde au flambeau d'une lumière nouvelle. Cet avénement se prouve tout scientifiquement comme un problème de géométrie.

Que venons-nous faire aujourd'hui ? Résoudre par la Science universelle de Vie le grand problème posé par le temps.

Les solutions de la Science absolue, qui ne peut donner qu'un résultat absolument vrai, doivent être acceptées comme on accepte la solution d'un problème de mathématique.

On ne peut discuter la validité de la solution qu'en prouvant que l'opération a été mal faite ou le problème mal posé. Mais il faut apprendre le problème lui-même et la science d'où il procède.

Ceux qui nous suivront dans l'exposition du sujet, verront bientôt que la Science universelle de Vie se prouve elle-même, comme le soleil par sa lumière, que ses opérations sont rigoureusement faites et les résultats absolument exacts.

C'est donc la vérité absolue que nous formulons.

Le redoutable problème de nos temps de la Vie universelle embrasse deux graves événements : la fin d'un monde et la naissance d'un monde nouveau, compliqués d'une crise formidable.

La Science de Vie, qui va éclairer le vieux monde à son chevet, sera pour lui la lumière suprême des agonisants ; aux lueurs de laquelle le jugement général des consciences fera suivre ou abandonner le moribond dans sa décomposition morale, et déterminera un nouveau classement des destinées humaines vers le passé ou vers l'avenir, dans la mort ou dans la vie.

Aux défections lamentables d'un monde fini, succèderont les gloires nouvelles surgies du témoignage des consciences droites.

Viendra ensuite la tâche de concevoir et d'édifier le monde nouveau sur les grands principes de société, parvenus dans une nouvelle période de leur développement, à la hauteur des temps de leur évolution majeure.

Dans sa synthèse universelle embrassant tout ce qui est, la Science de vie remplace la foi par la raison, l'égoïsme par le bon cœur ; elle nous dévoile les rapports de l'homme et de l'univers vivant, de la nature physique et de la nature divine, de l'infiniment petit et de l'infiniment grand ; elle nous élève dans une nouvelle alliance du ciel et de la terre.

La synthèse et le symbolisme universels exercent l'esprit aux grandes et fortes pensées, l'initient à la raison universelle par l'analogie, la comparaison et le rapprochement des deux mondes et des deux natures, par les figures et le fonctionnement tout nouveau de la virile imagination soumise à des règles mathématiques qui nous placent absolument à l'abri des erreurs.

Nous acquérons la certitude de la Vérité, dans les grands principes sociaux, dans la Loi souveraine de vie majeure, inconnue des âges de minorité, dans la morale divine et humaine, dans les droits et les devoirs, dans la délimitation rigoureuse du vice et de la vertu, dans la sanction de la justice éternelle des consciences, dans la mutuelle pénétration de lumière et d'amour pour le bonheur de chacun sur la terre, et l'épanouissement des âmes vertueuses dans les mondes supérieurs de leur nature et de leur valeur à l'heure des transformations.

La tâche de haute synthèse sociale, œuvre complète d'édification future, est au-dessus de toute contradiction analytique.

Nous déclarons que nous ne pouvons pas rétrograder vers la science mineure des doctes et des savants. Le temps n'est plus aux contradictions stériles, devant les affirmations absolues de la Science Universelle de Vie.

La grande cause sociale et religieuse, dont les débats ont si longtemps agité le vieux monde sans pouvoir aboutir, est entendue.

Tous les arguments de l'attaque et de la défense ont été donnés.

Les partis n'ont plus la parole, qui est aux événements.

La solution du problème du passé et de l'avenir, qui entraîne la liquidation universelle, est le fruit des travailleurs et des martyrs de dix-huit siècles.

L'apparition du *Livre de Vie* vieillira de plusieurs siècles des œuvres de modernes docteurs. Comme ces derniers ne voudront pas vieillir dans leur gloire, et qu'ils lutteront avec désespoir contre le fardeau accablant d'une vétusté si subite et si inattendue, ils lanceront contre l'Œuvre de Vie des imprécations et des cris de fureur, qui témoigneront de leur mauvaise cause et précipiteront leur chute dans l'abîme de confusion, en même temps qu'ils hâteront le **Salut de l'Humanité** passée majeure, et son avénement à la souveraineté divine et humaine. Ce sera la fin et le commencement.

Le Monde et l'Humanité.

Le Monde et l'Humanité diffèrent essentiellement dans les conditions de leur existence réciproque.

Le Monde est une agglomération incohérente de peuples et d'Etats, gouvernés par la force et l'arbitraire, sous toutes les formes et dans toutes les ruses de l'égoïsme despotique, et divisés par l'antagonisme des intérêts.

L'Humanité est l'Être collectif, un et indivisible, établi sur la Loi et les Principes de la Société morale éternelle, ayant sa base dans le monde, comme l'arbre a ses racines dans le sol végétal.

Le Monde est le sol désagrégé nécessaire de l'Humanité.

Bien que l'Humanité ait le monde pour point d'appui matériel, et qu'elle ne puisse en être distraite sans cesser d'exister, physiquement elle doit demeurer étrangère à ses divisions et à ses partis qui rompraient son unité.

L'Humanité unie et le Monde divisé sont les deux branches du grand balancier de la Vie universelle : l'une créant l'Harmonie sociale par assimilation, l'autre la désagrégeant par décomposition.

L'Œuvre désagrégeante du Monde est nécessaire à l'Œuvre créatrice de l'Humanité, pour remettre en liberté, par décomposition sociale, et lui rendre les individualités engagées dans les peuples morts à la vie morale ; comme les forces désagrégeantes de la nature sont nécessaires à la création végétative pour la mise en liberté des éléments de Vie engagés dans les cadavres et détritus végétaux et animaux.

Dans l'éternel pouvoir de division inhérent à sa constitution négative de la Vie véridique, le Monde est antérieur à l'Humanité sur la terre, comme le sol végétal est antérieur à la végétation.

Et l'Humanité ne s'établit que progressivement dans le Monde d'après la Loi physiologique de la Vie éternelle, en suivant les phases successives de son évolution sociale.

L'Humanité a commencé dans le Monde, dès qu'elle a pu y être conçue sous l'action de la semence divine.

L'Humanité conçue au sein du peuple hébreu y vécut de la Vie embryonnaire, jusqu'à sa naissance à la Vie universelle des peuples par l'Evangile.

Cette phase rudimentaire de l'existence humanitaire s'appelle Mosaïsme et constitue le premier âge de l'Humanité.

Le Christianisme primitif, Société morale mineure, constitue le deuxième âge de l'Humanité, au terme duquel nous arrivons.

Le troisième âge, l'Humanité majeure ou Christianisme scientifique, démocratie souveraine dans laquelle nous allons entrer.

Enfin le spiritualisme, ou quatrième âge de l'Humanité, est l'évolution sociale suprême, qui s'accomplira dans les siècles futurs par l'élévation de l'homme à la souveraineté purement spirituelle.

Les destinées de la Société morale de l'Humanité sont immenses, comme la Vie éternelle avec laquelle elle se confond, et s'élèvent jusqu'au plus haut des Cieux.

Mais le Monde, par l'égoïsme qui le constitue essentiellement, par ses institutions et ses puissances désagrégeantes de la Vie morale, par la politique qui retourne les hommes et les Etats les uns contre les autres, par l'antagonisme des intérêts qui les divisent et qui sont la violation en permanence de la Justice, de la Famille, du Travail et de la Propriété, le Monde qui est la Vie à rebours et le mal vivant, le Monde, négation éternelle de la Société morale, est condamné à être éternellement rivé aux chaînes de toutes les dominations et de tous les esclavages de la terre.

Le Monde est donc fatalement livré à tous les maux.

Nul ne peut sortir actuellement de la redoutable fatalité du Monde, qui est le puits de l'abîme insondable, qu'en entrant dans la Société morale majeure de l'Humanité, et en s'élevant avec elle sur les ailes des vertus sociales, dans l'âge nouveau qui commence et dans les âges futurs.

Le Monde de domination et de servitude, de divisions et de douleurs, reste le séjour lamentable des âmes tombées par l'égoïsme.

Seules, les âmes réveillées à la conscience morale universelle remontent le chemin de la Patrie divine par les grands convois de l'Humanité qui franchissent les confins du Monde.

Ces grands convois successifs, arrivant à des époques éloignées, sont les quatre Ages de l'Humanité.

Les deux premiers âges furent le Mosaïsme et le Christianisme dont les auteurs, descendus dans le monde, comme en un enfer, vinrent, dans la douleur des plus grands sacrifices, au secours des âmes déjà propres à la moralisation, pour leur ouvrir la voie du salut dans la société morale éternelle.

Actuellement, les âmes, parvenues à un nouveau degré de moralisation universelle, aspirent à un nouvel âge de l'Humanité.

Pour le Monde, essentiellement incompatible avec l'harmonie et l'accord universels, il n'y a pas lieu à une évolution morale ascendante de l'Humanité.

Le troisième âge de l'Humanité progressiste ne peut arriver que par la soustraction des éléments mondains contraires à son avénement, et ne peut s'effectuer que par l'élévation à la Société morale majeure des personnalités supérieures, libres et détachées du Monde.

Cette grande séparation du Monde et de l'Humanité future aura lieu par le libre jugement des consciences, qui rendra chacun à ses tendances et à son élément propre. Ce sera la Justice éternelle.

Par suite de ce jugement général et inévitable des consciences, le monde, laissé tout entier à son égoïsme constitutionnel, s'affaissera plus profondément dans l'abime, sous le despotisme barbare des âmes en révolte impuissante contre la Lumière Nouvelle.

De leur côté, les personnes réveillées à la Lumière Souveraine s'élèveront dans les concerts de l'Humanité majeure, au sein de ses Communautés de la Famille Sociétaire parfaite, du Travail souverain, de la Propriété et de la Justice inviolables, sous la Loi suprême de solidarité sociale, dictant le respect absolu de tous les devoirs et de tous les droits.

Ainsi s'élèvera l'Humanité Nouvelle vers ses destinées glorieuses, déployant sur le Monde éteint à la Vie morale, les prodiges de sa fécondité en richesses de toute nature.

Ainsi sera rétablie la Société morale de Moïse et du Christ dans ses voies progressives de lumière, sous l'Autorité de la Loi divine et des grands principes sociaux retrempée aux sources de la Science de Vie.

LA LUMIÈRE NOUVELLE
sur la grande crise des temps

Il s'opère sur le monde un travail nécessaire au fonctionnement physiologique de la vie universelle, auquel une partie ignorante du genre humain oppose une folle résistance. Une telle résistance donne lieu à la crise formidable, menaçant de faire sombrer l'Humanité dans les abîmes d'une atroce barbarie.

Les secours de la Science universelle de Vie arrivent heureusement pour le Salut commun.

Le Salut est tout entier dans la Lumière Nouvelle, qui vient éclairer les derniers temps du vieux monde.

Les préposés à la tutelle de l'humanité chrétienne, durant son enfance, n'ont plus de mission divine et n'exercent plus aucune protection providentielle sur leur pupille, depuis qu'ils outre-passent son âge de majorité, qu'ils violent ainsi leur mandat et qu'ils font dégénérer le pouvoir moral qu'ils ont reçu en despotisme de la pensée et de la conscience dans la nuit des esprits. Les hautes et nobles qualités qui distinguaient autrefois quelques grandes personnalités de la classe dirigeante n'existent plus. Les classes dirigées elles-mêmes, travaillées par la crise évolutionnaire de la conscience humaine, n'ont plus l'esprit de soumission propre aux mineurs, et sont en révolte ouverte contre le pouvoir dominateur qui les asservit par l'ignorance et la démoralisation.

Un travail profond de décomposition morale mine le monde du sommet à la base. Aucune vertu supérieure, vivifiante et réparatrice ne soutient plus la société issue de l'Evangile. Elle est comme une malade condamnée et abandonnée. Vainement ses dominateurs surannés, pour ressaisir un pouvoir qui leur échappe fatalement, tentent de rétrograder dans les siècles passés ; tentative aussi impossible qu'à un fleuve de remonter vers sa source. Une existence rajeunie ne peut ranimer le vieux corps social agonisant, profondément désagrégé par le plus odieux égoïsme, et encore retenu mécaniquement dans le moule de ses institutions corrompues par l'antagonisme outré de ses intérêts et le fanatisme des croyances aveugles, qui enchaînent les masses faibles et ignorantes.

Mais les âmes fortes qui se détachent de la corruption du monde de servitude, comme l'esprit quitte le corps du moribond à l'heure suprême de sa transformation, ces âmes, retrouvant leur liberté, sont obligées à des devoirs nouveaux, qui sont ceux de notre propre conservation par nous-mêmes.

Dans l'âge de minorité, une autorité tutélaire veille sur nous, pourvoit à nos besoins, nous protège contre les accidents de la vie et contre notre inexpérience.

Ce pouvoir protecteur venant à cesser, nous n'avons plus pour nous protéger que nous-mêmes par notre intelligence et notre courage, sous peine de retomber dans toutes les servitudes, réservées aux faibles et aux incapables.

Notre salut alors n'est plus qu'en nous-mêmes, il faut alors faire sortir de nous-mêmes, c'est-à-dire de notre virtualité, les vertus effectives nécessaires à notre conservation.

Ces vertus, la Science universelle de Vie vient nous en ouvrir la source inépuisable. Elle agrandit immensément les horizons de l'esprit humain, et opère le prodige de l'Emancipation physique, intellectuelle et morale de l'homme par le relèvement des Caractères et des cœurs, par le réveil des consciences à la morale universelle, et par notre affranchissement des maladies du corps et de l'esprit ; enfin, elle fait l'Homme magistrat, prêtre et médecin de lui-même.

Cette œuvre régénératrice de la personne humaine, par une véritable révolution morale et scientifique, a pour premier résultat de faire naître les mâles vertus de la liberté, et de préparer le personnel d'une renaissance sociale, premier noyau d'un peuple supérieur, transcendant, sans précédant historique ; en d'autres termes : un type de l'Humanité Majeure, cœur et âme des temps nouveaux, constitués par la grande évolution de la Famille, du Travail, de la Propriété et de la Justice véridique, dans le culte religieux de ces principes sacrés en plein fonctionnement social, sous l'empire divin de la Loi suprême de Solidarité Sociale et de mutuelle pénétration de lumière et d'amour ; de laquelle découlent tous les devoirs et tous les droits, toutes les vertus et toutes les joies incorruptibles, répondant au besoin ardent des âmes d'aimer et d'être aimées, et à leurs sublimes aspirations vers l'Unité Démocratique Universelle, l'**Eternelle Divinité** et, leur Patrie Suprême.

Pendant que les sciences analytiques, que la profonde chimie, que la physiologie et l'histoire naturelle compléteront la conquête physique de l'Homme sur les éléments ; la Science universelle de Vie complètera la conquête morale de l'Humanité sur les esprits.

La Lumière Nouvelle nous montre déjà aujourd'hui la grande crise des temps comme un travail organique de l'univers vivant, compliqué d'une maladie, à laquelle elle oppose le remède de la justice éternelle de la liberté et la Loi souveraine de Vie, pour le salut et le triomphe de l'humanité.

La même Lumière nous montre ensuite le monde nouveau, triomphant d'un passé hostile et disparu de la terre purgée et renouvelée, entrant en pleine souveraineté divine et humaine, en vertu de la greffe de la démocratie spirituelle du christianisme passé scientifique sur les démocraties républicaines.

Les siècles à venir verront ce monde nouveau opérer les plus grandes œuvres par l'union toute puissante des volontés ardentes, et appliquer les merveilleuses découvertes du génie humain, qui étonnent déjà notre siècle au vaste aménagement du corps planétaire. On verra alors ce grand corps prendre des formes nouvelles, comme déjà actuellement sous l'action humaine, par le percement des isthmes; et, sous le travail cosmique, recevoir des continents rajeunis en remplacement de continents épuisés. La face du globe, animée de l'esprit vivant de l'humanité libre et souveraine, brillera de l'éclat nouveau des feux électriques qui amenderont les conditions climatériques de son atmosphère.

Les faisceaux de fils métalliques animés par l'électricité formant le système nerveux de la planète, les téléphones formant l'organe de l'ouïe planétaire, les puissances musculaires de la vapeur, la parole multipliée à l'infini de l'imprimerie, le langage figuratif universel de la photographie, les télescopes instruments divins aux mains d'hommes-dieu, élèveront le niveau de la vie terrestre au rang des mondes de la vie céleste, au sein vivant de l'univers.

ENQUÊTE PRIVÉE
SUR L'ÉTAT MORAL DU MONDE

La Justice morale de l'Humanité, rendue par la magistrature divine des consciences, était interrompue par les pouvoirs tutélaires, depuis les siècles de minorité du monde chrétien. Les consciences coupables échappaient à la justice expiatoire ; et les consciences justes ou victimes de crimes étaient privées de la justice rétributive ou réparatrice.

Les pouvoirs de tutelle, souvent dégénérés en arbitraire théocratique, étant arrivés à leur terme, par suite de l'âge de majorité, de liberté et de responsabilité de leur pupille, une Enquête privée de charge de conscience était devenue nécessaire pour savoir, par expérience, si les transgressions restées impunies de la LOI INVIOLABLE DE SOLIDARITÉ SOCIALE et de *Mutuelle pénétration de lumière et d'amour,* se produisaient au point de mettre en danger l'avenir même de l'Humanité dans la crise de transformation sociale du monde.

L'Enquête a conclu au plus grand danger de l'humanité menacée dans son existence même, et à l'urgente nécessité de l'Œuvre universelle de Salut et de Santé, par la Lumière et la Justice.

J'aurais plusieurs volumes de témoignages à rendre devant la Conscience publique, contre le vieux monde surpris, pendant plus de 50 ans de mon enquête personnelle, en flagrant délit de décomposition morale, d'iniquités, d'attentats aux droits les plus sacrés de l'homme et de l'Humanité ; contre ce monde dissimulé, aux apparences honnêtes, mais fatalement hostile avec impunité à l'esprit de vérité et de justice, rendant impossibles les voies de la vie aux personnes justes et sincères, et menaçant gravement l'avenir de l'humanité.

L'énumération sommaire des épreuves et des persécutions que j'ai endurées durant mon existence dans la vie de ce monde, fait l'histoire de l'enquête parue dans un autre travail.

APRÈS ENQUÊTE
CONDAMNATION DU VIEUX MONDE

Le monde surpris en flagrant délit de violation de la Loi suprême de Solidarité Sociale, et le fait même de son existence étant devenu un obstacle à l'avénement de l'Age Nouveau de l'Humanité, il en résulte que la Justice Eternelle le rejette hors des voies de la vie, en l'abandonnant à sa propre destruction.

Le vieux monde a persécuté dans ses Auteurs l'Œuvre sacrée et inviolable du SALUT de l'HUMANITÉ ; le salut n'est plus pour lui ; il tombe au pouvoir de la fatalité, comme toute société condamnée à disparaître de la terre, par ses transgressions de la Loi inviolable de Vie.

J'ai appris par expérience que toutes les entrées dans le monde se trouvent fermées à la Loi de solidarité sociale. Il faut établir une situation nouvelle, accessible à l'humanité de l'avenir ; rendre chacun à son élément et à sa valeur ; la mort à la mort et la vie à la vie ; les ténèbres aux ténèbres et la lumière à la lumière. C'est l'œuvre de la Justice Éternelle qui va s'accomplir sur le monde. Nous avons dit que cette formidable opération s'effectuera sous la magistrature absolue des consciences, selon les goûts et les préférences de chacun, qui décideront du classement nouveau des destinées humaines.

Les souffrances du sacrifice sont le prix du triomphe de l'humanité aujourd'hui assuré. — La longue chaine des victimes du féroce égoïsme des hommes terriens ne s'est pas interrompue jusqu'à ce jour, variable seulement d'aspect et de caractère selon les temps.

Nous n'en sommes plus aux sacrifices sanglants.

Les sacrifices de l'âme et du cœur sont-ils moins cruels et moins terribles !

Ah ! vous avez consommé tous les sacrifices de ma personne Morale, dans mes affections de famille les plus chères, dans les fruits les plus légitimes de mon travail ; vous m'avez outragé dans ma dignité, dans mes droits les plus sacrés, dans mes œuvres les plus saintes, dans tout mon dévouement pour l'Humanité !

La mesure est comble, elle déborde.

Elle déborde sur le Vieux Monde coupable, en lames de feu qui le dévorent déjà! — Au souffle ardent de l'Esprit de Vérité et de Justice!

Le Décret de la Justice Eternelle, c'est l'Être abîmé, abandonné à lui-même, à ses penchants mauvais et destructeurs, au pouvoir aveugle de la fatalité, sans providence, sans paternité, sans tutelle, sous l'action dévorante des éléments, dans une confusion générale, sans règle et sans principes, où le Vice et la Vertu n'ont plus de signification.

Mais les âmes réveillées à la Conscience Morale Universelle, au signe de leur ralliement, s'élèvent vers leurs destinées nouvelles au sein de l'Humanité Majeure et Souveraine.

C'est l'heure arrivée de la revanche et des réparations de dix-huit siècles de crimes consommés sur tous les martyrs de l'Humanité.

Aux applaudissements de la foule des personnes dignes d'un meilleur sort qui gémissent dans le vieux monde, je lui crie :

Monde hypocrite, à bas le masque!

Entre nous plus rien de commun! Refuge des ténèbres, combats, si tu peux encore, le Soleil de Lumière qui se lève à l'horizon d'un Age Nouveau.

Ton règne finit à l'éclat de la Science Universelle de Vie.

Par ce que je suis le représentant et le gardien de cette Science Sublime, tu me persécutes et me martyrises sous toutes les formes; tu as fait de ma personne, sacrifice monstrueux! une victime dévorée par un reptile! Car, dans les créations de Nature divine, tu es classé au rang des bêtes inférieures.

Qui es-tu pour m'avoir privé de mes droits souverains de citoyen et de membre inviolable de l'Humanité?

Je suis une personne morale universelle. Je suis l'Homme, tu es la Bête.

J'ai la conscience de moi, l'intelligence et la raison et le cœur.

Tu as l'instinct brutal, sans conscience du bien et du mal.

Monde impersonnel des créations inférieures, tiré des ruines d'autres mondes, je suis ton maître, un représentant de la Démocratie divine et humaine.

Esclave! qu'as-fu fait de ton souverain? Mais tu n'es pas même un esclave, qui peut, lui, être un jour affranchi et devenir maître à son tour; tandis que, toi, tu ne peux franchir la ligne fatale, l'abîme qui te sépare de la Majesté Humaine et Divine.

Sur l'échelle des créations de la Vie éternelle tu n'es qu'un être éphémère, un fantôme d'être, sans cœur, sans amour, sans conscience, sortant et rentrant dans l'abîme du chaos avec ses instincts féroces ; voilà le cercle fatal qui t'étreint éternellement, et que tu ne peux franchir sans la Loi divine de l'Humanité qui peut seule t'élever dans la gloire des mondes célestes. Mais tu restes plus bas que la Bête, plus bas qu'un brin d'Herbe ; tu n'es plus qu'un fétu de paille en pourriture tiré de l'étable. Tu n'es qu'un fumier.

J'ai voulu te faire renaître à la Vie glorieuse de l'Humanité, comme l'engrais qui remonte à la Vie glorieuse d'une Moisson Nouvelle ; mais tu es resté au-dessous de l'engrais. Il te faut encore une Nouvelle Consomption dans la fosse.

LA JUSTICE ÉTERNELLE
et la Fin du Vieux Monde

Les entraves apportées à la publicité de l'*Eclosion de la Foi chrétienne à la Science universelle de Vie*, l'ignorance de la réalité et la confusion des esprits qui en résultent, donnent à la grande crise sociale et religieuse son acuité et sa gravité ; et en poussent le dénoûment jusqu'à un immense cataclysme.

La Loi et les Principes de l'Evangile ayant épuisé leur action vivifiante et moralisante durant leur évolution *mineure* de la société chrétienne ; et cette même loi et ces mêmes principes étant encore ignorés dans leur évolution *majeure* de l'Emancipation humaine, il en résulte pour notre époque si tourmentée de transition, qu'il n'y a plus de loi ni de principes, que la morale des temps de minorité humaine n'existe plus, et que la morale de l'Humanité Majeure n'existe pas encore.

C'est pourquoi l'équilibre social est rompu.

Tout se lézarde et s'écroule.

Il n'y a plus de principes de sociabilité, plus de loi morale, plus de chrétienté, plus d'humanité.

L'égoïsme inhumain est devenu la loi suprême du temps. C'est à celui qui trompera et dévorera l'autre.

La Religion est usée dans tous ses ressorts. Les temps ne sont plus à la confiance ni à la foi.

La charité et l'aumône sont devenus des moyens de domination ou de vanité,

Les vertus chrétiennes ne sont plus qu'un mot,

Les nobles et royales vertus se sont éteintes avec la royauté et la noblesse.

Il n'y a plus de Providence. L'humanité n'a plus de Dieu pour la conduire, et n'a pas encore la Raison, ni la Science de Vie pour se diriger elle-même dans le présent et l'avenir.

Les pouvoirs politiques eux-mêmes ne sont plus aux mains des hommes, qui n'en connaissent pas encore le maniement majeur.

Nous sommes dans la confusion de la dégénérescence sociale et religieuse.

La créature humaine est en plein état de perdition : son corps est étiolé par la maladie ; son esprit est enseveli dans le linceul de l'ignorance, des préjugés et du fanatisme ou d'un scepticisme systématique ; son caractère est affaissé sous l'appas des jouissances et des richesses, ou écrasé sous le poids de la misère ; sa conscience est éteinte au sens moral universel ; son âme est morte à l'espérance !

A côté de cette génération malheureuse, surgit une jeune génération avec moins encore de respect pour la famille, pour le travail, pour la propriété et pour la justice, s'avançant, menaçante comme l'ange exterminateur de l'écriture, pour l'expiation des crimes du monde — du monde usé et fini, qui prend toutes les apparences de la vertu pour cacher ses vices incurables, qui présente le mensonge sous le nom de vérité, l'iniquité sous le nom de justice, l'ignorance sous le nom de science, le désordre sous le nom de l'ordre, le renversement sous le nom de conservation, le crime sous le nom de gloire, la ruse sous le nom de bonne foi, la barbarie sous le nom de civisalition, les devoirs dénaturés sous le nom d'honneur, l'esclavage sous le nom de liberté, la domination sous le nom de service rendu, la mort morale sous le nom de siècle des lumières !

Dans son renversement des choses et son bouleversement, la société moderne nous offre le spectacle terrible de sa propre destruction par les forces qui l'animent encore : par la force armée, par l'autorité, par les pouvoirs, par les lois, par la propriété, par la famille, par le travail, par la patrie, par la religion, par la science, par la civilisation, par le progrès lui-même, par les conquêtes du génie de l'homme ; tout pousse à l'effondrement général, à une fin du monde !

Ce tourbillon formidable, qui menace de tout engloutir, c'est la Justice des temps.

La société morale est agonisante : pour les âmes il n'y a plus de foi, plus de ciel, plus de Dieu.

Plus rien n'est solidement debout que le culte du veau d'or et que l'idolâtrie de soi-même.

Les Vertus mineures du passé n'existent plus.

Les Vertus majeures de l'avenir n'existent pas encore.

Plongée dans le plus complet oubli de son origine et de son but, la vieille société empoisonne les cœurs de son égoisme, aveugle les esprits de son ignorance et rend le corps humain la proie des maladies multipliées par sa civilisation et ses fausses doctrines. Partout la créature humaine, esclave d'elle-même, de ses préjugés, abreuvée de misères dégradantes, sans boussole, sans pilote, périt dans le naufrage commun, sous les éléments déchaînés du ciel et de la terre.

Les convulsions du passé agonisant, aux prises avec les aspirations de l'avenir, nous tiennent suspendus au-dessus de l'abîme, entre un monde qui moralement n'est plus, et un monde qui n'est pas encore.

L'Univers tressaille aux angoisses d'une agonie et aux cris de douleur d'un enfantement : l'agonie d'une société succombant à son mal ; l'enfantement laborieux d'une nouvelle Humanité !

A cette crise formidable de la Vie universelle, les temps sont solennels, les pouvoirs tremblants, les esprits inquiets, les consciences suspendues, les intérêts menacés ; par ce que le monde n'est plus animé du souffle moral de la Loi de Vie et de l'Humanité.

Le monde subit la justice des temps, dont l'heure sonne !

La mort est un acte de Justice Suprême, qui prive de l'existence l'être en qui la Loi physiologique de la vie cesse de s'accomplir.

Or, la Loi morale de Solidarité est rigoureusement la Loi physiologique du corps social.

Où en est parmi nous la Loi de Solidarité Sociale et Humaine ? Qui la reconnaît aujourd'hui ? Qui la pratique ?

Que sont devenus les devoirs et les droits de l'Humanité, dans ce monde descendu au plus bas de la Vie matérielle, tombé dans la léthargie de l'âme, dans les divagations de l'esprit, dans la perte de conscience à la morale universelle ?

Il est trop vrai, la société est morte à la vie morale et subit déjà le sort réservé aux condamnés de la justice éternelle : Elle est livrée aux horreurs de sa propre décomposition, qui la consume comme le cadavre au cercueil.

Au vieux monde disparu dans la suite des siècles, succèdera le monde nouveau de l'Humanité triomphante.

L'évènement de justice nécessaire au fonctionnement physiologique de l'univers vivant, arrive sur la terre au secours de son humanité, menacée par l'état moral du genre humain.

Ce grand évènement de consolation pour les uns, et d'épouvante pour les autres, fondé sur l'éternelle équité, purgera la terre des entraves apportées à la marche ascensionnelle de l'Humanité militante.

A l'expiration où nous sommes de l'âge de minorité sociale du monde chrétien, doit surgir une race supérieure d'humains enfantés par l'Evangile, la race divine des frères du Fils de l'Homme : LES ALDIVIRS.

Ainsi doit s'élever à la souveraineté physique, intellectuelle et morale l'Humanité triomphante, la Démocratie spirituelle du Christianisme-Majeur, issue de la nouvelle alliance du ciel et de la terre émondée.

Nous entrons en pleine actualité de judicature éternelle.

L'enquête sur l'état moral du vieux monde chrétien est faite par cinquante ans de persécutions et de martyre subis par l'auteur en cette vie.

Les premières pages de ce chapitre peuvent être considérées comme un témoignage authentique et un rapport de cette longue et douloureuse enquête.

C'est déjà le jugement de la justice éternelle qui condamne le monde.

La justice dans l'éternité n'a rien de commun avec la justice dans le temps.

Elle n'a pas le glaive en main, ni le bandeau devant son regard farouche, comme la justice de la force et de la domination. Elle fait la trêve des colères et des vengeances.

La justice éternelle, qui a pour objet de maintenir l'équilibre physiologique de la vie universelle et des éléments, a pour grande fonction, à ses heures, de rétablir le libre cours des êtres et des choses vers les milieux de leur valeur et de leur nature.

La Science universelle de Vie, qui nous révèle la constitution spirituelle de l'Univers en même temps que les grands principes et la loi suprême de vie, nous renseigne aussi sur les puissances qui les gouvernent. En fait, le monde terrestre gît sous l'empire fatal du chaos, aux abîmes duquel des sages de l'antiquité asiatique ont arraché les premiers germes de l'Humanité, depuis dégénérée sous le culte fanatique de divinités embryonnaires, phénoménales. — Plus récemment, la Loi de Moïse et l'Evangile ont, à leur tour, tiré du chaos le peuple juif et les peuples chrétiens, sous une providence divine, souvent impuissante, dont le temps est aujourd'hui accompli.

Cette dernière n'a plus aucune raison d'être sur le gouvernement moral des chétiens, ni sur leur gouvernement politique, étant parvenue à l'âge de majorité des consciences et d'affranchissement social et ayant pour tâche aujourd'hui de se tenir eux-mêmes lieu de providence.

C'est le destin tutélaire du monde qui finit, et le règne de la liberté qui commence.

C'est aussi le temps de la justice éternelle qui arrive par la liberté pour la chûte des méchants et l'équitable élévation des justes.

Les temps de la justice éternelle sont marqués par la nécessité d'arrêter la corruption morale des peuples chrétiens, aggravée par le maintien obstiné d'un pouvoir fatal à la liberté et corrupteur.

Sous la tutelle de l'enfance du monde chrétien, les méchants étaient retenus par les grâces et les absoutes au-dessus de l'abime d'où ils sortaient et où ils méritaient de retomber. D'un autre côté, les grandes et nobles âmes des justes étaient condamnées de vivre à l'état de promiscuité daus un monde inférieur, sans pouvoir encore s'élever dans le monde de leurs aspirations.

Il fallait laisser le libre cours à toutes les bonnes et les mauvaises passions de se produire, pour se classer chacune selon le monde de leur valeur réciproque, depuis surtout que l'autorité donnait l'exemple de la corruption, menaçait d'abrutir la raison et de crétiniser la conscience humaine jusqu'à l'adoration d'un dieu égoïste...

Le cours de la justice éternelle était interrompu par le despotisme du monde chrétien, et se trouve rétabli par la liberté.

La justice éternelle, c'est la disparition des tuteurs d'une providence dont le temps est accompli ; c'est le libre abandon des êtres aux agissements de leur propre destruction, et des hommes aux jugements de leur conscience; c'est la victoire sur le dest'n du monde, qui enserrait dans un même foyer d'infection et de souffrance tous les membres purs et impurs de la grande digestion sociale ; c'est le temps de la liberté pour chacun de s'élever ou de descendre, et d'opérer la grande séparation de la quintessence alimentaire, d'avec les rebuts digestifs.

La justice éternelle est dans la liberté laissée à toutes les inclinations bonnes ou mauvaises, ascendantes ou descendantes, au vice et à la vertu, de se produire pour se classer librement, dans les éléments de leur nature et de leur valeur négative ou positive.

Cette liberté de justice absolue est nécessaire à ses heures pour le maintien et l'équilibre des grandes fonctions de l'organisme universel, analogiquement aux fonctions de l'organisme du corps humain : quand les aliments du dernier repas, après avoir été broyés sous les dents, abreuvés de salive, violentés, dissous par les acides corrosifs et sucs gastriques, sont réduits en une pâte nauséabonde dans l'estomac, ne faut-il pas, sous peine d'indisposition grave, à la quintessence alimentaire et aux rebuts digestifs la liberté de se séparer, les uns pour s'élever dans les régions de la vie organique, et les autres pour tomber dans les voies basses !

Dans la haute Science de la Vie, procédant de la synthèse et de l'analogie universelles, les plus infimes états heurtent et blessent les conditions les plus élevées, comme nous venons de le voir.

La Cène légendaire du Christ, la veille de sa mort, était la figure des peuples en léthargie morale, appelés par son Evangile à renaître à la vie divine de l'Univers, au prix du sacrifice du vieil homme, dont il allait le lendemain donner l'exemple sur le Calvaire.

La digestion des peuples chrétiens s'est opérée dans toutes les souffrances de dix-huit siècles, sous l'action des puissances de division, sur les champs de bataille, sous l'arbitraire d'une justice dissolvante, etc., etc.

C'est maintenant qu'achèvent de se détruire par leurs propres agissements les pouvoirs usés du vieux monde, pour faire place à la liberté et laisser se faire la séparation des hommes réveillés par la souffrance d'avec ceux abrutis par la domination et les servitudes.

La justice éternelle n'est donc pas une œuvre de colère ou de vengeance, comme la justice humaine ; elle ne punit personne, mais sauve les membres sincères de l'Humanité militante, et livre ses ennemis au jugement de leur conscience. Quand elle juge le monde perdu, elle constate simplement son état désespéré ; elle ne le condamne à aucune peine expiatoire pour des crimes commis ; car il est inconscient et irresponsable ; elle se borne à ne plus le soutenir et à l'abandonner à sa propre destruction par ses œuvres de mort.

Elle ne condamne pas non plus les personnalités responsables ; par ce que nul n'a le droit de sonder ni de juger une conscience humaine qu'elle-même ; et que son jugement reçoit fatalement une sanction pénale ou rétributive.

De ce jugement général des consciences résultent la démarcation du passé et de l'avenir, des âmes mortes et vivantes, le classement nouveau des destinées humaines pour un nouveau cycle de la vie éternelle.

Nul ne peut échapper à cette magistration divine des consciences.

Ici les décrets de la justice éternelle deviennent redoutables : les jugements de conscience par défaut d'attention, indifférence, perte du sens moral, subissent les conséquences analogues aux conséquences matérielles d'un mauvais chemin pris par erreur, ignorance ou indifférence, il y a analogie complète d'effets entre la nature physique et la nature divine. On subit donc fatalement les effets de son ignorance, de ses erreurs, de son indifférence et de son mauvais vouloir ; ce qui ne permet à personne absolument de se soustraire à l'éternelle justice.

La justice dans l'éternité est toute morale ; elle se rend au crible des consciences d'après les vertualités positives ou négatives de l'âme, exprimées par ses propres jugements et manifestées par ses aspirations et ses désirs sincères pour un avenir de justice et de vérité, ou par ses préférences pour un monde arbitraire de domination et d'esclavage.

La justice dans le temps est toute matérielle. Les fautes justiciables des lois conventionnelles restent l'objet des cours et tribunaux, sans que leurs auteurs soient aucunement responsables de l'état de leur conscience qui en résulte. Les plus grands criminels sont absous et arrivent aux honneurs et à la gloire du monde, si le délit matériel fait défaut.

Au contraire, devant la justice éternelle, il n'est pas demandé compte des faits passés de la vie, mais seulement des penchants réels de l'âme vers le bien ou vers le mal, exprimés par les jugements de la conscience. (1) Ces jugements sont absolus ; si la conscience est morte, elle se condamne aux maux nécessaires à sa régénération dans le monde d'épreuves où ses dépravations l'entraînent.

C'est ainsi que le jugement général des âmes, sous la magistrature des consciences selon leur virtualité pour le mal ou pour le bien, les précipite dans le monde d'égoïsme féroce et de terreur, éternel enfer et nouveau purgatoire, ou leur ouvre le domaine infini des gloires de la vie véridique, allant commencer sur la terre par la souveraineté divine et humaine de l'humanité passée majeure.

(1) L'admission des circonstances atténuantes dans les cours d'assises est un commencement de la justice éternelle sur la terre.

Les grandes assises de la justice éternelle, qui vont s'ouvrir pour quelques siècles sur le globe, à la lumière nouvelle de la science de vie, seront la délivrance et le salut pour toutes les personnes qui souffrent de l'injustice et des iniquités du vieux monde fini, de ses lois arbitraires et de son droit fondé sur l'égoïsme inhumain et sur la force. Justes de tous les points de la terre, si misérables que vous soyiez, si bas tombés que vous paraissiez l'être aux regards orgueilleux et rapaces des heureux endurcis du monde, renaissez à l'espérance, MANIFESTEZ, sans colère et sans esprit de vengeance, songez que vous devrez à vos souffrances passées le réveil à un jour meilleur et que vos exploiteurs et vos ennemis auront été les instruments de votre gloire dans l'avenir. — Toute votre force est dans le droit moral de l'humanité majeure inviolable. Le recours à la force brutale ne servira jamais qu'à détruire ses auteurs. Tout esprit violent serait la condamnation de l'âme dans le nouveau classement des destinées humaines, qui doit s'effectuer pour vous sans colère et sans vengeance.

Les révélations de la Science universelle de Vie et l'effort suprême tenté pour le Salut de l'humanité ouvrent, dès ce moment, les grandes Assises de la Justice éternelle, sous la magistrature des consciences.

La coopération ou le refus de coopérer à l'Œuvre universelle de Salut étant absolument libres, l'un et l'autre résulteront nécessairement d'un jugement de conscience, qui accomplira ou refusera d'accomplir un devoir suprême de Solidarité sociale.

De l'adhésion ou du refus d'adhérer à l'Œuvre de Salut, vont dépendre les destinées futures de chacun : pour les uns dans une direction vers les abîmes de l'esclavage, pour les autres vers les gloires de la liberté.

Tous les jugements seront d'une absolue justice : les consciences, réveillées au sentiment de la morale universelle, se trouvent alors éclairées de la lumière nouvelle qui ne permet pas l'erreur ; celles qui sont aveuglées par la léthargie du sens moral et mortes à la voix des remords, se condamnent, en vertu même de leur aveuglement, à des existences expiatoires, aux souffrances qui leur sont nécessaires pour se purifier et se réveiller un jour au sentiment de la morale universelle. Telle est la Justice éternelle des consciences, qui répare et régénère éternellement les âmes dans la succession infinie de leur existence sur les globes de l'univers.

C'est pourquoi, pour les consciences réveillées comme pour les consciences mortes aux devoirs absolus de Solidarité, commence une époque solennelle de justice divine, qui sera la glorification des uns et la condamnation des autres, en toute liberté de conscience.

Nul ne devant échapper à l'acceptation ou au refus de donner aide à l'Œuvre de salut de l'Humanité, dans sa crise actuelle et dans son établissement à l'état de *société majeure*, chacun prononcera son propre jugement.

Dans leur refus de contribuer à l'Œuvre de Salut commun, les mauvais riches surtout se puniront eux-mêmes par le jugement aveugle de leur conscience en léthargie, qui les condamnera ainsi à retomber plus bas et à se perpétuer dans leur monde de malheurs et d'expiation, sous le despotisme exploiteur de l'homme par l'homme.

L'expiation, tôt ou tard, dans les souffrances des peuples subjugués et esclaves, sera d'autant plus terrible que, durant l'âge de minorité chrétienne, les riches, dispensateurs des biens matériels, et les prêtres, dispensateurs des biens spirituels dans les voies émancipatrices de l'Humanité, sont plus rigoureusement liés par les devoirs de la Loi de solidarité humaine et sociale, et qu'ils ont reçu plus de richesses et de lumières.

Ces biens n'ont été donnés aux prêtres et aux privilégiés de la fortune que pour sortir les chrétiens mineurs de l'ignorance et de la misère, pour leur enseigner l'économie du travail, les élever dans la raison universelle du Christianisme, et finalement les constituer à l'état de société chrétienne *majeure*.

Voilà le pur enseignement évangélique. Comment a-t-il été observé ? L'état lamentable de la société actuelle nous répond en retraçant l'asservissement de l'esprit par l'ignorance, de la conscience par une fausse morale, du corps par la maladie, de la société chrétienne par toutes les misères les plus cruelles.

Tel est l'abîme creusé par l'oubli des devoirs sacrés de la Loi morale de l'Humanité, prescrits par l'Evangile aux Tuteurs, à l'Autorité paternelle de la jeune société chrétienne !

Nous venons de voir comment la Justice éternelle procède envers les coupables, que les remords de conscience ne tourmentent plus, en les condamnant par leur propre jugement.

Par la perte du sens moral de leur conscience et du sentiment des devoirs de la Loi de Solidarité sociale, les transgresseurs endurcis de la Loi, inassimilables à la vie supérieure de la Société morale majeure, prennent les voies basses de domination et de servitude sociales, qui aboutissent fatalement à l'abîme despotique et barbare de tous les maux expiatoires, dès cette existence et dans les suivantes, jusqu'à des temps éloignés d'une future réhabilitation à la vie morale de liberté et d'Humanité, comme l'engrais consommé renaissant à une nouvelle existence de la végétation terrestre.

Les malheureux, condamnés par la justice divine de leur conscience à de nouvelles et terribles épreuves, sont bien des réprouvés tombant au plus profond de l'abîme, qui les consumera au feu cuisant de toutes les douleurs. Il n'y aura plus d'espoir de salut pour eux ; car, hors de la Société chrétienne MAJEURE, seule véritable et réelle Humanité morale, pas d'espérance de liberté, ni prérogatives de l'Emancipation humaine ; partout, dans le vieux monde de l'égoïsme et du despotisme qu'ils auront préféré, en rétrogradant vers le passé dans la nécropole de la mort, partout, pouvoirs coercitifs de la force et de la violence !

Riches avares, mauvais riches, égoïstes endurcis, et sans cœur, pauvres prêtres asservis au despotisme spirituel, indifférents de toute classe qui, dans votre mépris des devoirs de la Solidarité humaine, refuserez le moindre concours à l'Œuvre de Salut de l'Humanité, votre conscience, juge suprême, vous condamnera sans appel à retomber, tyrans ou esclaves, dans l'abîme des douleurs expiatoires d'un monde entièrement mort à la vie morale, et livré à toutes les horreurs d'un cadavre social.

Mais vous, gens de cœur et de raison, de lumière et de progrès, qui aurez coopéré à l'Œuvre de Salut de l'Humanité et à la formation du premier noyau de Société Chrétienne MAJEURE, vous vous élèverez dans la gloire d'une existence sociale supérieure, dès cette vie, sous la sauvegarde des mâles vertus de la Liberté et des devoirs de l'Emancipation humaine.

LE SALUT DE L'HUMANITÉ

par la Science et la Loi de Vie

L'Humanité allant devoir son salut à la Science universelle de Vie et à la Loi suprême de Vie, voici une reconnaissance préliminaire de la **Science** d'abord et de la **Loi** ensuite.

L'événement sans précédent historique ni même légendaire est la conquête de la Science universelle de Vie, remportée sur les esprits de ténèbres et les puissances occultes du monde.

Cette Science supérieure, issue de la synthèse universelle greffée sur l'analyse infinitésimale, est la science du bien et du mal, défendue aux âges mineurs de l'Humanité trop faible pour la porter, mais permise à l'âge nouveau de majorité universelle pour y cueillir la couronne de la souveraineté.

Science sociale du cœur, inspirée par la raison universelle de l'humanité, au lieu de la raison égoïste de l'homme, la Science de Vie vient émanciper l'esprit humain, l'élever à la souveraineté intellectuelle et morale, et nous orienter sur le point précis où nous en sommes dans la vie progressive de l'humanité, enfin nous donner la *Solution* du grand problème posé par les temps.

La Science de Vie, succédant à la Foi comme la maturité de l'âge succède à l'enfance, résout avec une précision mathématique, les questions de philosophie, de religion, de sociabilité, de médecine physiologique et d'économie politique ayant trait à la pratique de la vie. Par la Solution Sociale qu'elle nous apporte, la Science universelle de Vie ouvre les temps de Délivrance et de Salut.

Nous apprenant que nous arrivons à l'âge de majorité morale, la Science de Vie nous révèle les hautes vérités de la vie et la Constitution Sociale nouvelle, indispensable à la pratique des vertus sociales majeures.

Les démonstrations scientifiques de la *lumière nouvelle*, embrassent toutes les questions ayant trait à l'existence du corps et de l'âme, depuis le moindre détail du terre-à-terre de la vie pratique jusqu'aux plus hautes visées morales de l'évolution progressive de la Loi suprême et des grands Principes sociaux de Famille, de Travail, de Propriété et de Justice.

Elles nous révèlent, pour la première fois, dans toute sa clarté et sa sublime simplicité, la **Loi de Solidarité sociale,** et de **Mutuelle pénétration de lumière et d'amour,** tous les devoirs et tous les droits qui en découlent, la délimitation mathématique du vice et de la vertu, le code et la sanction de la Morale universelle, la distinction correcte des attributs du pouvoir relatif des majorités élues et du pouvoir moral absolu des principes, enfin, l'identité de culte social, de code moral et de culte religieux de l'humanité majeure, dans le fonctionnement organique de la *Société Morale Universelle* dont le plan sera donné dans le Livre de Vie.

La Science universelle de Vie est le fruit accumulé, aujourd'hui recueilli, des Francs-Travailleurs et des confesseurs de la vérité et du droit éternel, persécutés et martyrisés dans le cours des siècles, si cruellement fécond en sacrifices humains depuis les commencements de l'humanité sur la terre.

Parvenu aux temps prédits de Délivrance et de Salut, qui imposent une tâche formidable à toute personne réveillée à la conscience morale universelle, j'en ai fait mon devoir, en attendant que d'autres me suivent.

C'est dans le cours d'un demi-siècle d'épreuves, d'humiliations et de souffrances morales innénarrables et de luttes terribles, que j'arrive à peine à produire au grand jour de la publicité **La Science Universelle de Vie** sur les causes de la crise terrible de l'Humanité, les dangers qu'elle court, les besoins qu'elle réclame ; en première ligne : la santé de l'homme, l'homme sain de corps, d'âme et d'esprit, l'homme affranchi de la maladie, de l'égoïsme inhumain et de l'erreur par son émancipation physique, intellectuelle et morale.

Cette triple et glorieuse élévation de l'homme au-dessus de son niveau actuel est la planche de salut tendue à l'Humanité pour la sauver de l'abîme, où tombe fatalement le vieux monde des temps accomplis de tutelle sociale, qui se transformera en fanatisme et en tyrannie sur tous ceux qui n'auront pas suivi les voies ascensionnelles de l'Humanité, ni d'un Etat politique libéral et progressif.

A ce prix est le salut de l'avenir, qui sera long à se réaliser ; car l'homme de l'avenir est encore à faire.

La Société Morale Universelle sera l'auréole du merveilleux progrès de l'industrie humaine, préparation éclatante d'un Age nouveau de l'Humanité, gravitant vers son idéal infini de perfection.

Par son caractère de haute maturité, elle remplacera par la Science, la société religieuse fondée sur la Foi.

Par son caractère universel d'humanité, elle ne s'immiscera aucunement à la politique des états, mais ne sera aucunement en opposition avec ces mêmes états, qui seront pour elle le sol cultivé où elle s'implantera, comme un arbre vivant dans la terre végétale pour y produire des fruits utiles à tous.

La société morale de l'humanité majeure se trouvera ainsi l'alliée naturelle du gouvernement, puisqu'elle y sera attachée par des racines profondes et sympathiques. Pour mieux faire comprendre ma pensée en d'autres termes, elle remplira dans le corps social régénéré les fonctions végétatives du système nerveux grand sympathique dans une réciprocité nécessaire de services avec les pouvoirs politiques, chargés exclusivement des relations de Vie extérieure du système nerveux cérébral. Ainsi, le monde regénéré de l'avenir au mode majeur, offrira un organisme social ayant son analogue dans le corps humain.

La solution sociale résultant de la fondation de la Société Morale Universelle, et Celle-ci de la formation des hommes nouveaux aux vertus majeures de la Solidarité Sociale, le **Salut de l'Humanité** en sera le prix par l'*Institut de l'Emancipation Humaine*, qui a pour attribut la création d'une UNIVERSITÉ HUMANITAIRE en trois facultés :

La *Faculté libre* de la Science universelle de Vie, pour répandre la lumière nouvelle et affranchir l'esprit humain de toute erreur ;

La *Faculté Libre* de Droit et de Morale Universels, pour affranchir le cœur humain de l'égoïsme et le réveiller à la conscience de solidarité sociale ;

La *Faculté Libre* de Médecine Naturelle, pour affranchir l'homme de la maladie et de la dégénérescence des races.

Le fruit de cet enseignement universitaire, libre et transcendant, sera donc l'Emancipation physique, intellectuelle et morale de l'homme, son élévation à la souveraineté de lui-même par les vertus majeures de la liberté ; enfin, la préparation du personnel de renaissance sociale.

De la Loi suprême de Vie ou Loi divine de l'Humanité

Il faut entendre par la Loi de l'Humanité la Loi divine édictée par Moïse, développée par le Christ et complétée par la Science universelle de vie.

Ces trois évolutions de la Loi correspondent aux trois âges de l'Humanité. — I. A l'âge de la vie fétale dans le sein de la nation Juive, qui recevait et transmettait par révélation intuitive de ses prophètes la Loi divine de Vie, comme une mère donne la vie au fruit de ses entrailles; — II. A l'âge d'enfance de l'humanité née par l'Evangile à la vie universelle des peuples, qui recevait des tuteurs d'une Providence divine sa protection et les enseignements de la Loi limités à leur interprétation et aux devoirs de soumission aveugle et de fraternité ; — III. Enfin, à l'âge de majorité sociale et d'émancipation physique, intellectuelle et morale de l'homme où nous sommes arrivés, recevant de la Science universelle de Vie la Loi suprême de Vie complète, intégrale, telle qu'elle n'avait pu être enseignée ni comprise des âges précédents.

La révélation scientifique de la Loi suprême de Vie dans sa totalité, est faite à l'Humanité devenue majeure au temps où elle en a besoin pour se diriger elle-même.

La Loi de Vie est la plus haute conception d'Autorité divine et humaine sur la terre et dans les cieux.

La Loi de Vie est l'Esprit inné de vérité et de justice absolues, existant par elle-même éternellement, et n'étant l'œuvre ni d'un génie, ni d'un Dieu ; car on ne peut pas faire que la vie existe sans la plus étroite solidarité et la mutuelle pénétration de lumière et d'amour entre ses grands principes et entre les âmes ses agents intimes.

C'est la Loi de Vie dans son intégralité qui solidarise les âmes et les grands principes sociaux de Famille, de Travail, de Propriété, de Justice dans leur Evolution majeure, d'où procèdent la morale universelle, tous les devoirs et tous les droits.

La Loi divine est absolue, impersonnelle, inviolable, mais les âmes qui s'identifient à la Loi en deviennent la personnification, et en acquèrent les prérogatives divines de souveraineté et d'inviolabilité.

Les personnifications de la Loi de Vie sont en nombre infini, forment une personne collective, unitaire et constituent :

La Divinité Démocratique Eternelle

dans une succession perpétuelle de personnalités divines et humaines, ayant charge morale du gouvernement de l'univers sur tous les mondes.

Les Dieux ou Personnalités divines ne sont pas éternels comme la Loi ; ils en perdent les prérogatives divines et en restent justiciables à mesure qu'ils cessent de lui être identiques.

La Divinité Eternelle, unité morale des âmes spirituelles ou incarnées est leur patrie suprême, d'où elles partent, où elles rentrent selon l'état et les conditions de leur virtualité divine.

Au sein de la Divinité démocratique des âmes, parvenues au réveil de l'unité morale universelle, chacune conserve sa personnalité intégrale et se trouve exister par la mutuelle pénétration de lumière et d'amour, dans autant d'âmes qu'il en existe dans l'unité. Or, le nombre des âmes fusionnées étant infini, c'est la multiplication à l'infini de la vie divine et de ses joies.

Le Droit et la Justice qui procèdent de la Loi suprême, en ont toute l'autorité et la majesté divine.

La Loi suprême de Vie, ignorée des longs siècles de ténèbres et de servitudes est d'une intégralité éternelle. Qui viole la Loi ne détruit pas la Loi, mais se détruit lui-même. C'est pour cela que les empires de la force contre le droit divin de l'humanité périssent fatalement par leur propre action.

Qui n'observe pas religieusement la Loi de Vie ne trouve pas la vie, mais la mort.

La Loi est la souveraine majesté. Il n'est rien de plus sacré, ni de plus divinement respectable que les quatre éléments où elle allume le foyer ardent des âmes : La Famille qui nous désaltère d'amour et de tendresse ; le Travail qui nous élève à la gloire ; la Propriété qui nous comble de biens ; la Justice qui rend à chacun ce qui lui est dû.

La Loi de vie existe par elle-même, elle s'est faite elle-même, comme une suprême nécessité, elle n'est pas la création d'une intelligence, ni l'œuvre d'un artiste ou d'un dieu ; mais la reconnaissance d'une règle absolue, éternelle, nécessaire au fonctionnement solidaire des principes sociaux, en vertu de laquelle la vie sociale est seulement possible.

La Loi de vie est l'Esprit de vie, de vérité et de justice éternelle, qui arrive à l'Humanité pour l'affranchir et la faire passer majeure.

La loi de vie est l'esprit créateur de la vie universelle, depuis les mondes infiniment petits jusqu'aux infiniment grands ; depuis le plus humble brin d'herbe jusqu'à la végétation céleste des mondes répandus dans les espaces infinis.

La Loi de Vie est le principe de suprême Autorité et de Souveraineté absolue.

Les personnes identifiées à la Loi en partagent l'autorité et la souveraineté.

Attaquer ces Personnes ou leurs Œuvres ordonnées par la Loi suprême, c'est commettre un attentat et un sacrilège.

C'est la Loi seule qui est sacrée et inviolable dans ses représentants, lesquels perdent toute prérogative, dès qu'ils cessent de la représenter intégralement.

Par la Loi de vie, l'homme reçoit la greffe divine, s'élève au droit moral de l'humanité, jusqu'à la divinité et au gouvernement de l'univers, en état d'incarnation ou de pur esprit.

Hors la loi, l'homme reste à l'état d'égoïsme sauvage, et l'humanité prend rang sur lui et sur les peuples formés de ces peuples barbares ; elle a des droits sur eux comme eux-mêmes en ont sur les bêtes, et comme la nature morale en a sur la nature physique.

Ici, nous sommes dans les questions les plus formidables de la vie.

L'humanité s'alimente du sacrifice des peuples barbares, comme l'homme s'alimente du sacrifice des animaux.

C'est l'accomplissement de la Loi de la vie éternelle qui repose sur la Solidarité et la mutuelle pénétration des êtres, principe de félicités et de joies dans les hautes région d'amour divin ; principe de souffrances dans les mondes inférieurs de l'égoïsme qui ne se pénétrent mutuellement que forcés par la violence des sacrifices.

Comment se consomme le sacrifice des peuples de domination et de servitude ? par eux-mêmes sous la fatalité de leurs propres agissements, qui les condamnent aux guerres de destruction.

Ainsi s'accomplit la Loi de la vie à ses deux pôles opposés ; l'un partant du foyer ardent d'amour divin, l'autre du plus lamentable égoïsme, creusant les abimes du chaos.

La découverte de la Loi intégrale de Solidarité sociale et de mutuelle pénétration de lumière et d'amour, loi suprême de vie de l'humanité majeure, est la victoire décisive remportée sur l'arbitraire et l'égoïsme du vieux monde, et sur le despotisme théocratique des religions de tous les siècles.

C'est au spectacle d'une lutte terrible, aux éclairs et au tonnerre de 25 batteries de canons, à la lueur des incendies de Paris, qu'au Mont-Valérien, premier berceau de l'Émancipation humaine tentée par l'auteur de ces lignes, la grande victoire de l'esprit sur la matière a été gagnée ; et que j'ai reconnu les quatres Principes Cardinaux de la LOI *intégrale de Vie majeure et souveraine.*

C'est à la flamme divine des âmes des martyrs montant des marches du Panthéon vers le ciel, que j'ai recueilli le fruit de dix-huit siècles de sacrifices humains !

LA GLOIRE DU MONDE NOUVEAU

dans l'alliance des démocraties politiques républicaines, avec la démocratie morale du Christianisme scientifique.

Ce chapitre établit la reconnaissance de la Démocratie divine de l'Humanité majeure et de ses droits supérieurs sur ceux des Théocraties. — Il indique la Solution sociale et religieuse, démontrée par la Science sociale du cœur et de la saine raison. Il traite ensuite de l'alliance nécessaire du Christianisme positif et scientifique, avec les démocraties politiques sincèrement libérales et républicaines.

Le droit divin du Christianisme démocratique se trouve déjà démontré antérieurement par la Loi suprême de Vie, seule éternelle, de laquelle seule procèdent toute souveraineté et tout droit divin. Le droit divin théocratique n'en a été qu'une délégation temporaire dans des conditions déterminées et passagères.

Mais le droit divin démocratique est éternel; puisqu'il est l'éternelle expression de la Loi sociale unitaire des âmes, seul principe du droit moral suprême.

C'est de la démocratie divine universelle et éternelle, chargée du gouvernement de l'univers, que procède tout droit, toute souveraineté, dont les théocraties dépendent.

La Démocratie divine et le droit divin du christianisme positif et scientifique procèdent de la Loi Suprême de Vie, de l'homme et de l'humanité identifiés à la Loi.

L'homme parvient à la souveraineté divine par la Science universelle de vie. Il affranchit son corps de la maladie, son esprit de l'erreur, son âme de l'égoïsme. Il se fait prêtre, médecin et providence de lui-même.

Ainsi affranchi et émancipé, il acquiert les vertus divines de la liberté; élève le niveau de la vie physique, intellectuelle et morale; prend une notion absolument exacte de la Loi, de laquelle découlent tous les droits et tous les devoirs, la délimitation mathématique du Vice et de la Vertu. Déposant toute personnalité égoïste, il devient la personnification de la Loi. Ne relevant plus que de sa conscience éclairée, de ses devoirs et de ses droits, ayant dépouillé le vieil homme et revêtu l'homme nouveau, sa personne universelle, souveraine, s'élève à la condition divine.

C'est alors que les frères du fils de l'homme, devenu dieux eux-mêmes par leur héroïsme, s'élèvent au sein de l'humanité universelle des âmes divines, par leur mutuelle pénétration de lumière et d'amour avec ces âmes.

L'éternel lien d'amour et de lumière de ces âmes est la Loi suprême de vie, esprit inné de vérité et de justice éternelle. C'est cet Esprit virtuel de la vie qui est mis en puissance effective et en réalité par les âmes de l'Unité divine universelle, auxquelles il donne une souveraine activité divine.

Toutes les âmes sont des virtualités divines ou dieux virtuels ne devenant effectifs que par l'Esprit de Vie dont elles se rendent les agents divins.

C'est donc de la Loi suprême de vie, de l'Esprit inné de vérité et de justice, seul principe de toute Autorité morale absolue, que procède la Démocratie divine du Christianisme positif de la maturité de l'esprit humain.

La Solution Sociale et religieuse réside dans l'entente des démocraties républicaines et états politiques libéraux avec la démocratie morale du Christianisme passé majeur et scientifique, devant former par leur alliance le Monde Nouveau.

Commençons par dire que le Christianisme démocratique est l'œuvre de l'Évangile, rétabli dans sa vérité, et rendu à l'émancipation humaine et divine par la Science universelle de Vie.

L'enfance du Christianisme n'a pu fournir à l'Humanité les ressources libératrices de ses principes incompris et dénaturés.

Circonvenu par le Catholicisme dominateur, il est tombé dans l'esclavage, et n'a plus laissé voir que des dominateurs et des esclaves.

C'est parvenu à l'âge de ses droits de majorité sociale, que le Christianisme majeur devient une démocratie souveraine, une puissance sociale établie sur les vertus et les forces viriles de l'esprit de vérité et de justice, sur le droit éternel.

Quand le Christ se proclamait Dieu, on n'a pas compris qu'il visait à l'Émancipation divine pour lui et pour l'humanité.

La Science universelle de Vie nous démontre à première vue la divinité de Jésus-Christ, et celle de toute personne humaine en état de virtualité. Se disant fils de Dieu, Dieu lui-même, et nous appelant ses frères, le Christ en logique rigoureuse, nous considérait avec raison comme dieux nous-mêmes ; mais ajoutons, comme des dieux déchus. Tout cela se trouve démontré par la Science qui nous apprend la nature divine et éternelle de nos âmes, greffée sur la nature physique de l'homme, et l'histoire de cette déchéance.

C'est bien à une véritable Emancipation divine et humaine que nous avons à travailler pour nous relever et reconquérir, par nos propres efforts, nos titres et nos prérogatives.

La question de la double nature divine et humaine est résolue affirmativement par la Science de vie. Tout homme renferme cette double nature, mais avec des différences immenses de léthargie ou de réveil des âmes à la vie morale, selon le point des existences parcourues sur les mondes de la vie éternelle.

Le dogme du Christianisme se trouve démontré et agrandi par la Science succédant à la Foi enfantine.

Jésus de Nazareth avait donc bien raison de se dire Dieu, souverain de la nature ; mais, comme nous le verrons plus tard, en temps que membre de la DÉMOCRATIE DIVINE et humaine.

Il ne reste pas une question théologique et théocratique, qui ne soit résolue par la Science Universelle de Vie, à l'entière satisfaction du bon sens commun et de la morale universelle.

La Démocratie spirituelle du Christianisme passé majeur, reprenant *scientifiquement* l'œuvre libératrice de l'Évangile véridique, est l'âme nécessaire à tout corps politique véritablement républicain.

La République Française reste chétive et inconsciente d'elle-même, parce qu'elle n'a pas encore le souffle moral que peut seul lui donner le Christianisme Majeur. Elle est en danger imminent dans la crise formidable de la transformation sociale et politique des peuples.

Par son autorité morale désarmant le crime, la Démocratie divine du Christianisme Scientifique sauvera la France républicaine de la criminelle conspiration des empires de la force. La France restera la glorieuse initiatrice des peuples aux droits de l'homme conquis par sa révolution mémorable de 1889, et aux droits divins de l'Humanité qui nous arrivent par la Science universelle de Vie.

Si la France républicaine ne sait pas comprendre son devoir, ni accepter le salut qui lui est proposé, d'autres républiques seront plus heureuses.

De son côté, le Christianisme démocratique ne doit établir son point d'appui matériel que sur les Démocraties républicaines ou essentiellement libérales, quel qu'en soit le nom, avec lesquelles il se rencontrera nécessairement en réciprocité d'intérêts et de bons services.

Cette réciprocité est de toute évidence. Le Christianisme majeur, institué en Société universelle de gains et de biens, selon l'article 1838 du code civil français, reparti en communautés ou colonies d'instruction scientifique, de régénération morale supérieure, d'agriculture, arts et métiers, créant la richesse à son profit et au profit de l'état politique, sera lui même le plus grand Producteur de la richesse publique et le plus grand contribuable de l'État, en raison de son organisation majeure du Travail et de ses francs-travailleurs sous la Loi *religieuse* de Solidarité Sociale.

On pourra constater alors les prodiges de l'humanité nouvelle du Christianisme Démocratique, formé d'hommes aux mâles vertus de la liberté, à l'esprit viril, régénérés par l'émancipation physique, intellectuelle et morale, et pouvant se dire chacun : *La République c'est moi !*

Le Monde Nouveau de liberté et d'humanité majeure, qui succèdera au vieux monde usé de domination, ne pourra exister réellement que par l'alliance de la Démocratie spirituelle du Christianisme positif avec les Démocraties politiques véritablement républicaines et libérales.

Ces deux ordres de démocratie ne devront leur gloire future qu'à leur mutuelle garantie de salut commun et d'intérêt solidaire, comme ceux qui existent entre la vie végétative du grand sympathique présidant aux élaborations nutritives internes, et les membres chargés des soins de la vie extérieure, constituant ensemble l'unité physiologique du corps humain.

Il est certain que les gouvernements politiques trouveront de nouvelles garanties de paix avec les autres États, par l'Autorité morale suprême retrempée aux sources de la Science de Vie, et par la toute puissance divine des âmes réveillées à la conscience de leurs droits absolus aux heures d'éternelle justice.

Par la nature des rapports nécessaires qui existent entre la vie végétative et la vie de relations extérieures de l'organisme humain, il sera facile de déterminer la délimitation et le fonctionnement réciproque des services entre l'Etat politique et la Société morale du Christianisme démocratique, conservant l'un et l'autre leur autonomie.

C'est avec une profonde raison que les républicains épris d'une saine théorie veulent actuellement la séparation des églises et de l'Etat. Il y a contradiction et incompatibilité entre des églises théocratiques et un Etat démocratique. Mais ce qu'il faut savoir c'est qu'un gouvernement politique, laïque, ne peut donner que des fruits âpres et sauvages, sans la religion qui représente la Loi morale de la vie, et qui est la greffe divine produisant les fruits nourrissants de l'esprit et du cœur.

Or, la religion nouvelle qui représente absolument la Loi de Vie de l'humanité majeure, de la liberté, de ses devoirs et de ses droits éternels, c'est le Christianisme Démocratique, c'est l'église qu'il faut absolument à la démocratie républicaine ; en un mot, l'*église démocratique* dont la Science universelle de Vie nous a démontré les droits divins indéniables au début de ce chapitre.

Terminons ce chapitre en répétant :

Le Christianisme Démocratique est toute l'Economie Sociale et la Vie intérieure de la Nation, en même temps que le grand Moralisateur ; il est le grand Producteur de la richesse publique, et le plus grand Contribuable de l'Etat politique républicain, qu'il considère comme le Pouvoir Central de la Vie extérieure, et qu'il éclaire de la lumière nouvelle sur le chemin de salut et de gloire.

RÉVOLUTION MORALE UNIVERSELLE

PAR LE DROIT DIVIN SUPRÊME

du Christianisme Démocratique, Moralisateur souverain des Républiques

Le grand problème social des temps modernes à résoudre est tout entier dans le passage de la Société chrétienne mineure aujourd'hui usée, à l'état de Société chrétienne majeure, par l'avénement du Christianisme éclos à la maturité de l'esprit humain et à la Science universelle de Vie.

Le Droit divin du Christianisme scientifique et démocratique-social, dont les théocraties n'ont été que des temporaires et souvent prévaricatrices délégations sur les peuples mineurs, est maintenant établi par les révélations *Scientifiques* de la LOI SUPRÊME DE VIE et de la DIVINITÉ ÉTERNELLE, seule et sublime Démocratie Divine, gouvernant éternellement les mondes de l'univers (voir le chapitre : *Salut de l'Humanité* (page 33)).

Le droit d'existence civile du Christianisme nouveau, réparti en communautés chrétiennes majeures, se trouve reconnu et déterminé, dans ce bas monde, par la législation primitive des art. 1838 et 1839 du code civil, sous le titre de *Sociétés universelles de Gains et de Biens.*

La Jurisprudence française est un emprunt fait au Droit Romain, dont les auteurs font remonter les Sociétés universelles à la plus haute antiquité.

Ces Communautés ont laissé une tradition de prospérités et de richesses sans exemple.

L'organisme et les vertus nécessaires au fonctionnement des Sociétés universelles de Gains et de Biens ont fait défaut à nos temps historiques, qui, ne pouvant les réaliser, les ont conservées à l'état de lettre morte.

La Science sociale universelle vient combler cette lacune des siècles passés. Elle nous reconstitue les Sociétés universelles de

Gains et de Biens et leur rend vie sous la forme de communautés du christianisme démocratique social, ou Colonies agricoles, industrieuses de Renaissance Sociale.

La question de ces grandes Associations libres, posée pour la première fois dans les temps modernes et résolue dans cet ouvrage, nous conduit à la réalisation d'une Révolution Morale, attendue ou désirée de toutes les personnes de cœur et d'intelligence.

Le Progrès moral est nécessaire à la vie de l'Humanité.

Le Progrès matériel ne suffit point à l'existence des hommes. L'essor brillant qu'il a pris chez nous, depuis un siècle surtout, n'a pas empêché notre courage de se ramollir, la virilité de notre esprit de s'éteindre, ni l'égoïsme humain de prendre des proportions effrayantes.

Partout l'avenir se dresse menaçant à travers les merveilles de l'industrie des hommes ; parce qu'il y a absence du Progrès moral, imprimant une saine direction à ces merveilles.

Dans sa négation invétérée de la Loi et des Principes moraux de société, où va le monde ?

Par les débordements de l'égoïsme, la Solidarité sociale est devenue un vain mot : la Famille, le Travail, la Propriété et la Justice sont constamment violés dans leur principe souverain.

La vie mondaine, de la base au sommet, du plus vil dénûment à la plus hautaine opulence, est livrée à toutes les erreurs, à tous les mensonges, à toutes les falsifications.

Il n'y a plus place nulle part, ni pour la vérité, ni pour les vertus personnelles.

L'homme véritablement vertueux est traité de fou ou d'incapable. Les habiletés de la ruse sont devenues les vertus de l'époque. Le mal règne sur la vie. Un souffle de mort anime le monde.

Le Progrès moral, interrompu dans sa course, retrouve aujourd'hui les sources d'une nouvelle évolution ascendante dans la Science sociale physiologique, et il vient à notre secours pour féconder le Progrès matériel dans la sécurité de tous, élever le niveau de la vie humaine sur celui des siècles précédents, et y faire parvenir les individualités capables de triompher de la crise transformatrice, dans laquelle est plongé le monde.

C'est avec l'élite des classes laborieuses, réparties en associations d'un type supérieur et parfait, indépendantes entre elles, que nous voulons retremper les caractères et déterminer une Révolution morale nécessaire.

Notre type de Société régénératrice, nous le trouvons dans l'existence civile des Sociétés universelles de Gains et de Biens, établies sur les Institutions morales données plus loin.

C'est du culte de la Loi de Solidarité sociale et des principes constitutifs de cette Société, que vont jaillir les sources nouvelles du Progrès moral, et avec le Progrès moral véritable, tous les genres de prospérité matérielle.

Du simple fonctionnement de vie intime des Sociétés universelles de Gains, commenceront par résulter pour la nouvelle existence de l'Humanité :

La moralisation supérieure, nécessaire au relèvement du niveau de la vie morale ;

Les richesses intarrissables du travail, établi dans sa toute puissance créatrice ;

La nouvelle assiette économique de prospérité, pour tous ceux qui s'en rendront dignes ;

La colonisation sérieuse, pleine et entière de régions encore inexplorées, qui en fera de riches trésors ;

L'inauguration de la grande période industrielle de l'avenir.

Ces propositions affirmatives reviendront avec leurs preuves de fait.

Tels seront les effets considérables de la lourde et longue tâche dont nous avons pris l'initiative, pour remplir un devoir de conscience.

Les maux dont chacun souffre, et qui menacent l'avenir de souffrances plus grandes encore pour ceux qui n'y prendront garde, viennent de l'affaissement des caractères, de l'individualisme outré et du mépris de la Loi et des Principes de la Société morale éternelle.

Le retour effectif à la Loi et aux Principes, dans leur développement *progressif nécessaire*, sera notre salut et notre prospérité.

Le respect moral de la Loi et des Principes, qui peut seul nous délivrer de nos maux, est impraticable dans la corruption du monde.

Il nous faut créer un milieu social nouveau et vierge à l'abri des intempéries passionnées du monde et de sa politique, sur les principes impérissables de Société morale, parvenus à un mode d'application plus large et plus élevé que dans une Société mineure, et dans une plus étroite solidarité de Famille, de Travail, de Propriété et de Justice.

Nous allons voir effectivement ces quatre grands Principes sociaux se déployer dans une phase évolutionnaire morale plus élevée, et devenir les moyens irrésistibles d'une moralisation supérieure. Par la pratique soutenue et obligatoire des vertus sociales, nécessaire à chaque associé pour agir ensemble comme une seule personne dans le but commun de l'association.

Telle est la puissance régénératrice des éternels principes, qu'en progressant dans la voie de leurs applications, ils deviennent seuls capables de tirer les hommes d'avenir de l'égoïsme constitutionnel du monde, au nom de la Loi suprême de solidarité qui lie tous les membres d'une association morale.

C'est ainsi que le salut et l'avenir de l'Humanité résident dans l'existence collective, féconde et régénératrice des classes ouvrières, substituée à l'individualisme corrompu et stérilisant de la vie du monde.

L'Humanité ainsi renaissante dans la Société morale, une et indivisible, doit nécessairement se tenir au-dessus de tous les partis, soit religieux, soit politiques, qui briseraient son unité nécessaire.

La Société morale majeure offrira seule un refuge assuré aux personnes de cœur et d'intelligence contre l'égoïsme incurable du monde et les maux qu'il engendre.

Ces véritables Institutions moralisatrices manquent en France et partout ; parce que l'organisation administrative, propre à ces grandes Institutions, n'avait pas encore été conçue ni formulée.

C'est parce que le monde n'a pas été vivifié par ces institutions régénératrices, qu'il tombe fatalement en décomposition.

La nation qui verra la première ces Institutions de l'avenir se former dans son sein, donnera l'impulsion à l'Univers de la véritable Renaissance sociale.

Cette Renaissance, qui ouvre des temps nouveaux pour l'Humanité, ne peut être l'œuvre immense que du progrès moral.

Nous démontrons qu'il est heureusement aujourd'hui en notre pouvoir de susciter la moralité supérieure, qui reste inaccessible à la vie mondaine, et qui oblige l'égoïsme de céder la place à la solidarité dans la Société morale démocratique du Christianisme nouveau.

La moralisation majeure aura lieu indispensablement par la pratique obligatoire des vertus sociales, nécessaires à l'association *agissant comme une seule personne* dans son but arrêté d'avance et nettement défini, selon les termes mêmes de la définition si claire et si nette du Code français.

La vitalité morale, si affaiblie de nos jours par l'individualisme à outrance, ne renaîtra jamais que d'une existence collective, solidaire, retrempée à la source des principes, dans son règlement de vie intérieure et son fonctionnement communautaire.

Des quatre principes fondamentaux de la Société universelle de Gains, élevés à leur puissance majeure, et réalisant, par leur mutuel fonctionnement, le problème sociétaire, découle la Loi sociale suprême, comme apparaît la solidarité nécessaire aux quatre opérations arithmétiques, concourant à la solution d'un même problème.

De la loi de solidarité, qui lie tous les associés entre eux, dérive pour chacun d'eux l'obligation absolue du plus parfait fonctionnement possible de la Famille, du Travail, de la Propriété et de la Justice morale, par la mise en œuvre des devoirs et forces personnels concourant à ce parfait fonctionnement.

Les devoirs de famille sociétaire, grandis de toute la distance d'une petite famille à la grande composée de douze à quinze cents familles privées ; ceux de propriété et de justice grandis dans les mêmes proportions, élèvent nécessairement chacun des associés à la pratique de toutes les vertus sociales commandées par la solidarité, qui leur fait gravir les degrés d'une moralité supérieure.

Le principe du Travail n'a pas une importance moindre que les trois autres. Son organisation, non moins moralisatrice, vient agrandir les chantiers de l'activité humaine, et lui donner une impulsion créatrice de biens et de richesses inconnue des États politiques.

C'est la transformation de la Société Chrétienne *mineure* en Société Chrétienne MAJEURE, qui est seule capable d'accomplir ces nouveaux prodiges, sous la démocratie divine du CHRISTIANISME SCIENTIFIQUE.

LES PRINCIPES ET LA LOI
du Christianisme Démocratique Social

Ce sont les Principes et la Loi de la Vie Morale éternelle, démontrés par la Science Universelle de Vie, et élevés à leur Évolution majeure.

La Société Morale du Christianisme Démocratique est géométriquement assise sur les Quatre Principes Cardinaux de la Vie éternelle La Famille, le Travail, la Prospérité et la Justice, comme un édifice sur ses quatre angles.

Des applications de ces impérissables principes surgit la Loi de Solidarité Sociale et d'Unité Morale.

De la Loi de Solidarité, qui lie entre eux les Principes et les Membres de l'Association, découlent rigoureusement tous les devoirs et tous les droits de chacun, d'une manière absolue.

Les devoirs de chacun sont de faire l'apport des Vertus et activités personnelles nécessaires à l'accomplissement de la Loi, dans le fonctionnement social de la Famille, du Travail, de la Propriété et de la Justice, pour la plus grande prospérité de l'Association.

Les droits de tous sont de participer également à toutes les charges et à tout le bien-être de la Communauté : absolument, pour les conditions nécessaires de l'existence; relativement, pour les prérogatives attachées aux services rendus, s'élevant au-dessus de la Moyenne.

Tous les Sociétaires sont électeurs et éligibles de Droit.

Les pouvoirs administratifs de la Communauté sont de droit issus de l'élection de tous.

Toute délibération et résolutions relatives à la gestion des affaires sociales ne peuvent avoir lieu légitimement que par des majorités élues.

La Science universelle de Vie, qui vient éclairer le Monde d'une Lumière Nouvelle à l'heure suprême de sa transformation, nous précise la Loi et les grands Principes générateurs de la Vie, se conformant à la marche lente et progressive des longs âges de l'Humanité, pour se déployer dans l'ampleur de leur immensité.

C'est à une nouvelle phase évolutionnaire de la Loi et des Éternels Principes, que le Christianisme de Maturité Scientifique élève la Société Morale de l'Humanité.

Ils s'adaptent à celle-ci dans sa marche Rudimentaire, puis Mineure, puis Majeure, enfin Universelle, selon les âges de son évolution sociale.

L'esprit du temps est de sortir du mode Mineur pour entrer dans la phase évolutionnaire Majeure de l'Humanité.

Le type des Sociétés Universelles de Gains et de Biens, déjà connu des législations de la plus haute antiquité, et adopté par le Christianisme démocratique-social, donne à la Loi et aux grands Principes de Famille, de Travail, de Propriété et de Justice, l'occasion de se déployer dans leur Évolution Majeure, par la *Famille Sociétaire* de ses communautés affirmant et retrempant la petite famille privée par le *Travail collectif*, fécondant le travail individuel dans son orga-

TABLEAU SYNTHÉTIQUE
DES
INSTITUTIONS COMMUNAUTAIRES
Agricoles, Industrielles & Manufacturières
DES COLONIES
DE RENAISSANCE SOCIALE

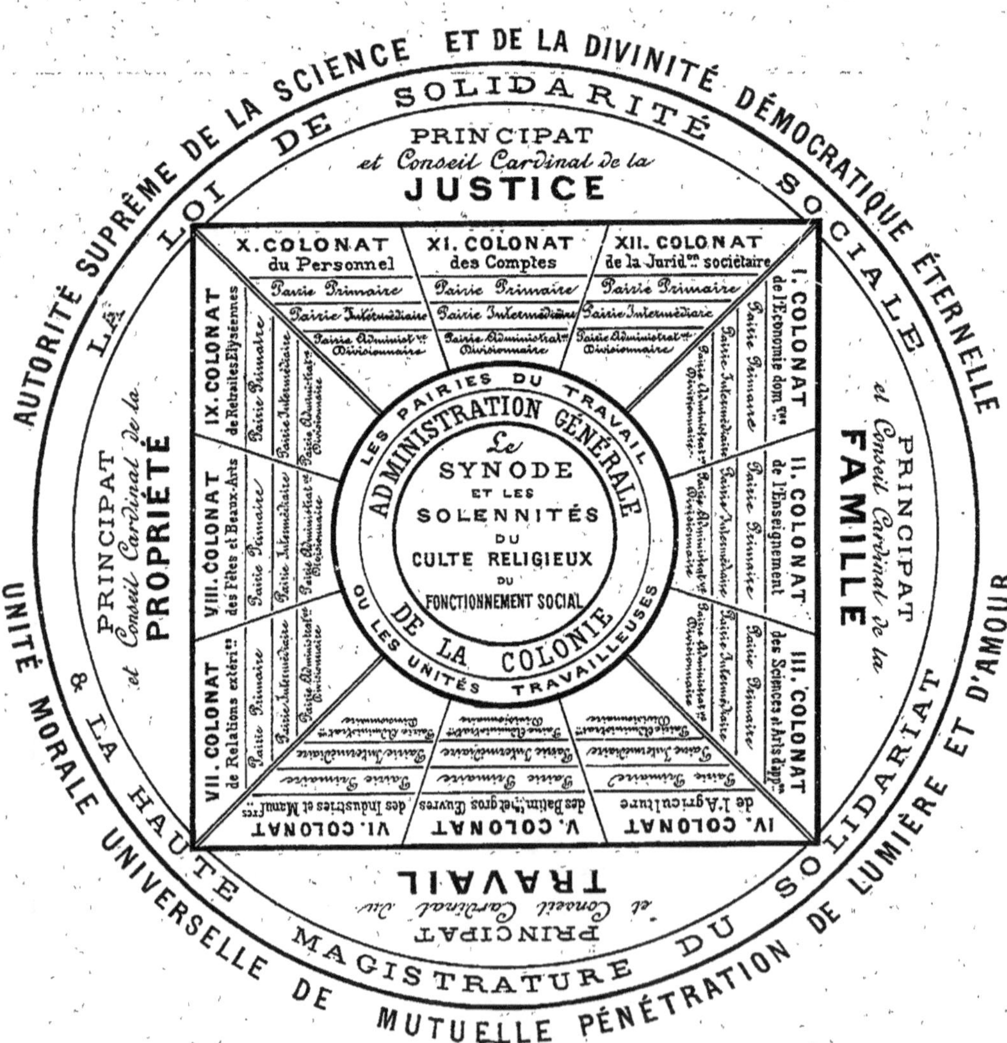

TABLEAU SYNTHÉTIQUE
DES
INSTITUTIONS COMMUNAUTAIRES
Agricoles, Industrielles & Manufacturières
DES COLONIES
DE RENAISSANCE SOCIALE

…ENCE ET DE LA DIVINIT…

nisation ; par la *Propriété communautaire* confirmant et garantissant la propriété personnelle ; par l'*Arbitrage amiable* simplifiant et moralisant la Justice.

L'Apport des Vertus morales et physiques, nécessaires à l'accomplissement de la Loi de solidarité sociale, est exigé pour entrer dans les Communautés chrétiennes majeures. Ces Vertus là ne sont plus celles de l'enfance, mais les Vertus majeures de l'Homme et de l'esprit viril, mûri par la raison et la Science de Vie.

D'autre part, la Loi de Solidarité Sociale, imposant à chacun l'obligation de remplir *religieusement* ses devoirs sociaux, devient la plus haute puissance moralisatrice qui élève l'homme et l'Humanité dans la gloire de la Vertu et de la Justice.

LES INSTITUTIONS

de la Démocratie Morale du Christianisme Scientifique

Les Institutions qui suivent sont nécessaires au fonctionnement régulier et soutenu d'une Communauté donnant un exemple d'Harmonie physiologique, comme celle qui existe dans tout corps vivant.

Elles doivent puiser leur sanction dans leur haute Moralité, et dans la suprême Autorité de la Science universelle de Vie, de la Loi et des Principes, d'où procèdent tout droit, toute vertu et toute vie.

LA LOI DE SOLIDARITÉ SOCIALE ET LE SOLIDARIAT

La loi qui solidarise le fonctionnement des quatre principes cardinaux de la Société morale, et qui les établit dans l'Unité de la vie sociétaire, donne lieu à l'institution supérieure du SOLIDARIAT.

Le Fonctionnaire du Solidariat s'appelle le Mandataire de la Loi.

La Solidarité sociale est la Loi morale absolue, dans l'accomplissement de tous les devoirs et le respect de tous les droits.

Elle est la puissance conservatrice, immuable de la Constitution sociale, et de son Unité morale nécessaire.

LES QUATRE PRINCIPES CARDINAUX DE LA SOCIÉTÉ MORALE ET LES QUATRE PRINCIPATS

Les quatre principes cardinaux de la Société morale sont la Famille, le Travail, la Propriété et la Justice, donnant lieu aux quatre magistratures cardinales suivantes :

Le *Principat* de la Famille.

Le *Principat* du Travail.

Le *Principat* de la Propriété.

Le *Principat* de la Justice.

Ces magistratures ont pour fonction la garde et le maintien des grands principes sociaux dans l'administration et les actes de la Société, de concert avec le Solidariat.

POUVOIR MORAL

Le Pouvoir Moral de la Communauté est exercé par le Mandataire de la Loi et les Gardiens Cardinaux des Principes, pour conserver l'Unité sociale dans son inviolabilité absolue.

Le Pouvoir Moral, constitué par les Institutions du Solidariat et des quatre Principats, est absolu et immuable comme les Principes et la Loi qu'il représente.

Au-dessous de ce Pouvoir, véritable souveraineté spirituelle, fonctionnent les Pouvoirs chargés de l'administration des intérêts matériels de la Société, auxquels l'Autorité Morale ne doit s'immiscer que pour le rappel au respect de la Loi et des Principes.

PRINCIPAT DE LA FAMILLE

Le *Principat de la Famille* a pour fonctionnaire le Gardien Cardinal de la Famille, et pour fonction la garde et le maintien de la Famille sociétaire, dans les activités sociales de son ressort, sous la réserve d'en laisser le mode d'administration aux libres déterminations des majorités élues.

La fonction précédente est remplie par le Gardien de la Famille avec l'assistance des Présidents des trois colonats du ressort de la Famille ; d'où résulte le *Conseil Cardinal de Famille*, dont il sera question plus loin.

Considérations sur la Famille privée

Les Familles privées, dont se compose la Famille sociétaire, sont installées dans la Communauté avec toute l'aisance de la vie privée et tout le confortable possible de la vie collective.

La petite famille est le sanctuaire impénétrable et souverain de la vie privée, sous la commune autorité et dans toutes les sollicitudes du père et de la mère.

Il n'est pas plus permis de pénétrer dans la vie privée de la famille ou de l'individu que dans la conscience humaine.

Chacun est souverain en sa petite famille comme en sa conscience.

La Famille privée est une conscience pour l'être collectif social, qui la respecte absolument.

Seule, la lumière supérieure de la science universelle peut pénétrer utilement dans la conscience humaine, pour la réveiller complètement à la logique morale du cœur, et pour émanciper l'esprit humain jusqu'à la souveraineté intellectuelle.

Installation et Rapports de la Famille sociétaire majeure dans la Colonie

Dans la construction modèle des bâtiments d'habitation est un pavillon destiné aux célibataires hommes.

A la partie opposée, un autre pavillon pour les célibataires femmes.

Au milieu, le principal corps de bâtiment, approprié aux logements particuliers de chaque famille privée, se nomme sanctuaire des familles.

Les hommes ne pénètrent pas dans le pavillon des femmes, ni les femmes dans celui des hommes.

La rencontre des sexes non conjoints n'a lieu que dans le cercle mixte des familles.

L'homme ne parvient à la possession de la femme qu'en passant par les devoirs de la famille privée, et réciproquement.

Entre le cercle des hommes et le cercle des femmes, aptes au mariage, s'établit le double rayonnement des amitiés sincères, aboutissant à des unions fidèles, inaccessibles à la corruption des intérêts antagonistes, qui ne pèsent plus dans la balance des véridiques contrats du cœur.

Alors commence le règne de la Famille, rendue à la vérité de son principe tout moral.

Alors s'embrase l'émouvant foyer de la vie familiale, privée et collective.

Ce pur et ardent foyer de vie des petites familles matérielles et de la grande famille sociétaire devient un culte de tendresses et d'amour, d'amitié et de justice, de travail, de richesses et de santé, dans l'accomplissement des devoirs sociaux ordonnés par la loi de solidarité.

Ce séjour sacré des époux et des enfants est une cité sainte ; un tabernacle de réconciliation de la nature et de l'humanité, du corps et de l'âme, de la matière et de l'esprit, de la terre et du ciel ; une arche d'alliance effective qui ne garde plus la Loi en lettres mortes sur les tables de pierre et dans des symboles stériles, mais qui l'a fait vivre et fonctionner dans les sublimes accords de l'unité physiologique sociale ; une arche de salut enfin, qui préserve les justes du déluge moral.

PRINCIPAT DU TRAVAIL

Le *Principat du Travail* est la magistrature ayant pour fonctionnaire le *gardien cardinal du travail*, et pour fonction, la garde et le maintien du principe, dans l'administration et les actes de la société, relativement au travail communautaire majeur.

Le Magistrat du Travail exerce ses hautes fonctions dans le Conseil Cardinal du Travail.

Organisation du Travail Communautaire majeure

Le Travail, principe éternel de société, au même titre que la Famille, que la Propriété et que la Justice, est le grand libérateur de l'homme.

L'homme, tombé de la vie morale de liberté, n'y remonte d'étapes en étapes que par la peine et les fruits du travail physique, intellectuel et moral.

Le travail ne peut être organisé, selon sa loi souveraine, qu'entre personnes d'une même association, liées par des intérêts identiques et obligées les unes envers les autres par la loi de solidarité sociétaire.

La véritable organisation du travail, essentiellement moralisatrice, inaccessible aux États politiques, ne peut reposer que sur une association de bons travailleurs, assez forts de caractère et assez intelligents pour se soumettre eux-mêmes à la discipline qu'ils auront établie, et pour reconnaître leurs véritables intérêts dans la prospérité de la colonie à laquelle ils appartiennent.

L'organisation sociétaire du travail repose aussi sur le droit commun des travailleurs constitués en Unités travailleuses.

L'*Unité Travailleuse* est l'élément organique de la Société morale, comme l'utricule est le premier élément physiologique de la végétation.

La Société morale est une grande végétation de l'humanité.

Les Unités travailleuses ou Pairies du travail

Les Unités travailleuses ou Pairies du travail constituent la trame organique de la Société morale majeure. Elles garantissent à la fois la promptitude d'exécution et la perfection des ouvrages.

Elles reposent sur le principe de la division du travail pour l'exécution la plus parfaite possible de chacune de ses parties, et sur la responsabilité directe, *individuelle* et *collective* de tous les travailleurs qui en sont chargés.

A la base sociale résident les Unités travailleuses élues au premier degré, ayant pour objet l'exécution des travaux de détail et de main-d'œuvre. Elles sont aussi dites Ateliers.

Viennent ensuite les Unités travailleuses intermédiaires ou du 2e degré, dites bureaux, formées des présidents d'ateliers et chargées des écritures et de la direction sectionnaire des ateliers.

Au 3e degré d'élection apparaissent les douze Unités travailleuses ou Pairies, formées des Présidents de bureaux et chargées de la direction divisionnaire des Colonats.

Enfin, au sommet administratif de la Colonie communautaire fonctionne le Conseil d'administration générale, élu au 4e degré, c'est-à-dire formé des douze présidents divisionnaires.

Il est tout d'abord plus particulièrement question des Unités travailleuses primaires, communément appelées Ateliers.

L'Atelier se compose d'autant de membres qu'un travail offre de parties distinctes à exécuter ; chaque membre représente ainsi la fraction d'un travail, et tous les membres représentent l'unité de travail, c'est-à-dire un travail complet.

L'Unité travailleuse se trouve ainsi ne représenter qu'une seule personne ouvrière, chaque membre de l'Unité n'étant qu'une simple fraction de l'agent exécutif.

Les travaux d'un ouvrage à effectuer, divisés en autant d'opérations distinctes que leur nature le comporte, sont répartis, d'après les aptitudes et les capacités personnelles, en un même nombre de travailleurs qui forment le cadre de l'unité ou atelier.

Les opérations d'un ouvrage à distribuer à divers exécutants demandent un temps variable pour l'exécution de chacune d'elles, mais des conditions fixes de capacités, d'autorité et d'initiative.

Voici comment ces conditions se trouvent remplies :

Les ateliers se composant d'un nombre de membres subordonnés aux parties du travail, chaque travailleur représente une capacité spéciale et reçoit la direction de sa spécialité.

L'Atelier reçoit, par conséquent, autant de directions spéciales qu'il compte de membres.

Supposons l'Atelier composé de dix membres, y compris son président. Il va recevoir autant de directions ouvrières moins une, le Président de l'Atelier, élu par ses Pairs, restant exclusivement chargé de faire exécuter les résolutions de l'Atelier, prises en Conseil, à la majorité des voix.

Représentons les neuf membres exécutants par les chiffres 1 à 9; le chiffre 10 sera celui du Président.

Les neuf membres de l'Unité travailleuse deviennent chacun chef exécutif de leur spécialité respective, sous la présidence commune de l'Atelier ou l'Unité.

10	**1**	2	3	4	5	6	7	8	9
	2	3	4	5	6	7	8	9	1
	3	4	5	6	7	8	9	1	2
	4	5	6	7	8	9	1	2	3
	5	6	7	8	9	1	2	3	4
	6	7	8	9	1	2	3	4	5
	7	8	9	1	2	3	4	5	6
	8	9	1	2	3	4	5	6	7
	9	1	2	3	4	5	6	7	8

Les chiffres de gauche en tête des colonnes représentent les neuf membres, devenus chefs exécutifs de leur spécialité respective, sous la présidence du membre 10, placé devant l'accolade.

D'après cet ordre établi, chacun des neuf travailleurs, chargé de la partie qui lui incombe par suite de sa capacité personnelle, se trouve devenir chef d'atelier ou tête de service pour sa partie spéciale, et avoir le droit d'initiative à requérir ses collègues pour collaborer avec lui, dans la mesure de l'utilité reconnue par une délibération du conseil de l'Atelier, pour les cas seulement ou l'exécution d'une partie demanderait une durée excédant celle des autres. Mais, il dépend à son tour des autres membres de l'Atelier, en temps que chefs de service pour l'exécution de la partie qui leur incombe. C'est la réciprocité de services organisée et règlementée sans conflit possible. Il n'y a place n'y pour l'abus, ni pour l'arbitraire. L'initiative du recours à un ou plusieurs aide appartient de droit à tous les chefs de service, sous l'autorité du Président et les décisions du Conseil de l'Atelier.

C'est ainsi que chaque partie de l'ouvrage s'exécute simultanément ou successivement, avec l'aide mutuelle de tous les exécutants solidaires de l'Unité travailleuse.

On voit ainsi que, selon ses besoins, le groupe tout entier peut être mis sur chaque fraction du travail, sous la direction du membre spécialement chargé d'exécuter cette fraction.

Ces premiers documents sont de la plus grande importance au point de vue pratique ; nous les rendrons plus sensibles par des exemples.

Ajoutons ici que les unités ouvrières sont fixes et permanentes pour l'exécution des travaux en permanence, et qu'on les improvise à volonté pour les ouvrages éventuels qui peuvent se présenter.

L'Unité travailleuse ouvrière, ou l'Atelier, représente le travail humain élevé à sa première puissance, c'est-à-dire le travail libre, intelligent, fécond, solidaire, responsable et offrant toutes les garanties possibles de célérité, de perfection et d'abondance.

Les Unités travailleuses de la deuxième puissance sont formées des Présidents d'Ateliers. Elles remplissent la fonction des bureaux, et établissent les rapports nécessaires entre les Ateliers et l'Administration.

Les Unités travailleuses de la troisième puissance sont formées des Présidents de bureaux et remplissent un rôle administratif.

Au sommet, l'Unité travailleuse de la quatrième puissance, formée des présidents des Unités administratives divisionnaires, constitue le Conseil de l'administration générale de l'association coloniale.

La Société universelle de Gains, nécessairement constituée sur le principe égalitaire du droit d'élection et d'éligibilité, fonctionne dans l'unité de la vie sociale, en vertu des quatre ordres d'Unités travailleuses qui viennent d'être sommairement exposées.

Dans leur ensemble, les Unités travailleuses sont dites aussi : Pairies du travail.

Les présidents de toutes les Unités travailleuses sont nommés par leurs pairs à la majorité des voix.

Sous les rapports des garanties, l'Unité travailleuse ne doit être composée que de Travailleurs d'élite. Être membre d'une Unité est un titre qui n'est acquis que par l'élection de ses pairs.

Au-dessous et au service des Unités Travailleuses primaires, sont classés les surnuméraires, les apprentis, les novices, les incapables et les déchus, pour tous les services inférieurs.

Pour se présenter candidat à un atelier, il faut donner les preuves d'un degré de capacités nécessaires à l'exécution de toutes les parties du travail groupal auquel on aspire.

Selon l'étendue de leurs capacités ou la nature de leurs aptitudes personnelles, les membres d'un groupe peuvent faire partie d'autres groupes, ce qui permet à la société de multiplier les pairies du Travail avec un membre restreint de membres.

Voir dans un chapitre ultérieur le Fonctionnement organique des Unités Travailleuses.

PRINCIPAT DE LA PROPRIÉTÉ

Le *Principat de la Propriété* est la magistrature qui a pour fonction la garde et le maintien de la Propriété sociétaire, et pour fonctionnaire le Gardien Cardinal de la Propriété.

La Propriété sociétaire, rigoureusement fixée par des statuts, place les associés en dehors de tout antogonisme d'intérêt, ferme la porte à tous les procès, et laisse intégrale la mutualité des bons sentiments. Les différents moraux se règlent par juridiction morale ou justice d'honneur.

La Société morale majeure, outre la Propriété collective, reconnait à chaque famille privée ou individu, une propriété particulière qui doit se borner, dans la société, à la possession du mobilier particulier, aux objets d'art ou d'agrément et d'utilité privée ou personnelle.

Dans le but de faire disparaître toute trace d'antagonisme d'intérêt, les Sociétaires ne doivent commercer, ni financer, ni trafiquer entre eux, ni se prêter à intérêt. Les échanges d'objets mobiliers qui pourront avoir lieu entre eux n'auront pour but ni intérêt, ni gain.

Dans la Société morale, la Propriété morale, constituée par la possession des vertus sociales et privées, est un principe non moins inviolable que celui de la Propriété collective matérielle. C'est pourquoi tout sociétaire est garanti dans la possession de ses vertus personnelles par la juridiction morale contre les médisants et les calomniateurs, qui sont les voleurs et les assassins de la personne morale.

PRINCIPAT DE LA JUSTICE

Le *Principat de la Justice* est la Magistrature ayant pour fonctionnaire le *Gardien Cardinal de la Justice*, et pour fonction la garde et le maintien du Principe, dans l'Administration et les actes de la Société, relativement à la Justice sociétaire majeure, c'est-à-dire limitée à la vie intérieure des colonies communautaires.

Le Magistrat de la Justice exerce ses hautes fonctions dans le Conseil Cardinal de la Justice.

Moralisation supérieure par la Juridiction mutuelle.

Nous avons déja donné un aperçu de Moralisation obligatoire dans le fait de l'organisation mutuelle du travail, inhérente à l'Association communautaire de Gains.

Nous allons montrer l'œuvre plus complète de moralisation supérieure dans la pratique des principes et dans l'observation de la loi même de l'association.

Notre type d'Association communautaire de gains est géométriquement assis sur les quatre principes cardinaux de la Société morale éternelle : la Famille, le Travail, la Propriété et la Justice.

De l'application sociétaire de ces inviolables Principes découle la loi sociale suprême, au même titre que de l'exécution des quatre règles inviolables de l'arithmétique résulte la solidarité nécessaire entre toutes les opérations d'un problème.

De la loi Souveraine de solidarité sociale, qui lie entre eux tous les membres d'une même association, qui découle mathématiquement tous les devoirs et tous les droits de chacun.

Les premiers devoirs résident dans le culte rigoureux des principes de famille sociétaire, de travail mutuel, de propriété collective et de juridiction morale, dans toutes les opérations du problème social.

Si l'une des opérations venait à manquer dans son exactitude, le problème serait faux, et toute l'activité sociale manquerait le but.

L'accomplissement des Principes sociaux est dans le respect absolu de la Loi souveraine de Solidarité sociale.

La solidarité, qui règne inévitablement entre toutes les opérations d'un même problème, ne peut tolérer la moindre inexactitude irréparable, sans cesser d'être la Loi Souveraine.

C'est pourquoi la Loi de Solidarité Sociale est absolue, et rend absolument solidaires entre eux tous les Membres de la Société Morale, qui sont les opérateurs du problème vivant de leur société.

L'opérateur qui agit à faux, joue le rôle d'un chiffre faux ; la solidarité ordonne le redressement ou la suppression de l'un aussi bien que de l'autre, pour avoir un résultat exact.

Nul sociétaire ne peut donc échapper à la Loi absolue de Solidarité Sociale.

Le respect de la Loi morale est étendu à toutes les fonctions sociales.

Des hautes vérités qui viennent d'être remises en lumière dans les paragraphes précédents, découle la délimitation mathématique du vice et de la vertu.

Doivent être regardés comme vices, tous les actes contraires au respect vigoureux de la Solidarité sociale.

Doivent être considérés comme vertus, tous les actes accomplissant la Loi et les Principes de la Société morale.

La Société Morale est un culte incessant, rendu à la Loi souveraine et aux éternels Principes de vie véridique.

Ce respect, obligatoire pour tous les membres de l'Association, consiste dans la pratique soutenue des vertus sociales nécessaires.

Les vertus sociales nécessaires sont des devoirs commandés par le fonctionnement normal des grands Principes, pour l'accomplissement de la Loi de solidarité.

La Loi et les Principes de Société morale, dans notre Association communautaire de Gains, ne deviennent pas seulement une source de prospérité et de richesses ; ils déterminent la moralisation régénératrice des hommes par eux-mêmes, dans la sanction morale des Jurys d'honneur nommés par les intéressés parmi leurs pairs, pour l'accomplissement de la loi qui solidarise toutes les actions sociales et tous les intérêts sociaux.

Code de morale sociétaire.

Le Code moral sociétaire résulte tout entier de la Solidarité sociale, qui oblige les uns envers les autres tous les membres de la Société.

La loi de Solidarité est nécessaire à toutes les œuvres de famille, de travail, de propriété et de justice, pour obtenir l'unité sociale ; comme est nécessaire la solidarité entre les opérations d'addition, de soustraction, de multiplication et de division pour arriver à la solution exacte d'un problème.

La solution cherchée du problème social par les œuvres de chacun, est l'unité d'intérêt de tous.

Tous les membres de la Société morale sont essentiellement solidaires entre eux.

Les dévoirs et les droits de la solidarité sociale constituent donc bien notre Code moral.

Les droits ne résultant que des devoirs accomplis, il sera d'abord question des devoirs à remplir.

Nos devoirs sociaux consistent à appliquer rigoureusement les grands principes de famille, de travail, de propriété et de justice sociétaires, dans le parfait accomplissement de la loi de solidarité.

De cette base de morale nettement déterminée et mathématique, résulte la démarcation absolue du vice et de la vertu.

Sont réputées vertus sociales, nécessaires au fonctionnement harmonique de la société, toutes les forces et activités physiques, intellectuelles et morales de la personne humaine, concourant essentiellement au bonheur et à la prospérité de la famille sociétaire, à l'exercice plein et entier du travail de tous, au développement et à la jouissance légitime de la propriété collective, enfin, à la plus parfaite équité envers tous les associés.

En conséquence, tous les membres de la Société doivent pratiquer les vertus sociales, implicitement déterminées en l'article précédent, pour jouir légitimement des droits et prérogatives de ladite Société.

Aux termes du Code moral, sont réputées vices sociaux : toutes tentatives ou actions ayant pour résultat d'arrêter le développement des facultés humaines, physiques, intellectuelles et morales, nécessaires à l'accomplissement des devoirs sociaux, ou d'empêcher le libre exercice des vertus sociales.

Tout vice social est justiciable et passible de la juridiction morale de la Colonie.

La Juridiction morale, dont le douzième Colonat est investi, est destinée à redresser les écarts personnels, à moraliser les individus et à relever les caractères par ses jurés d'honneur, sous l'Autorité morale supérieure du Mandataire de Loi et des Gardiens cardinaux des principes.

Des fautes passibles de la Juridiction morale

Il ne peut être question ici que de fautes toutes morales.

Les délits ou crimes, s'il s'en commettait par un membre égaré et coupable, seraient immédiatement livrés à la connaissance de la Justice publique.

Tout acte ou abstention volontaires et réfléchis, contraire aux devoirs commandés par la Loi morale de solidarité, qui oblige tous les associés, devient une faute passible de la Juridiction privée de la Colonie du progrès moral.

Cette Juridiction moralisatrice est nécessaire pour élever d'un degré l'existence sociétaire sur le niveau du monde.

En tête de tous les vices justiciables du Code moral est l'égoïsme, négation vivante de la loi même de solidarité sociale.

Après l'égoïsme viennent :

L'Individualisme, négation vivante de la famille scolaire ;

La Paresse, négation du Travail ;

L'Avarice, négation de la Propriété communautaire ;

L'Arbitraire, négation de toute Justice.

L'Egoïsme, vice universel de l'insolidarité ; l'Individualisme, la Paresse, l'Avarice et l'Arbitraire, vices cardinaux et leurs hideux cortèges, causent tous les maux qui accablent le monde. L'envie, la haine, la vengeance, la calomnie, l'ivrognerie, la malpropreté, les jugements téméraires, la dégradation, l'ignorance, la perte du sens moral, sont de l'affreux cortège.

Aucun de ces vices sociaux, qui violent tous la Loi et les Principes, ne doivent être tolérés dans la Société universelle de Gains.

Les Associés qui ont le malheur de tomber dans la servitude de ces vices doivent être redressés, remis en liberté d'eux-mêmes et rétablis dans le devoir, sous la sanction de la Justice morale.

Une faute accidentelle et irréfléchie ne sera point justiciable des jurys d'honneur, mais bien toutes celles qui opposeront un obstacle soutenu et sérieux au respect de la Loi et des principes.

La Juridiction morale commence par donner des avertissements, des admonestations, des réprimandes.

Elle frappe de dégradation, de déchéance, de flétrissure morale, les réfractaires, après épuisement de tous les moyens de réhabilitation, et va jusqu'à prononcer l'expulsion du Sein de la Société, en réservant les questions matérielles d'intérêt et de personne, qui sont du ressort des colonats des comptes et du personnel.

LES DOUZE COLONATS

Toute l'activité sociale de la Colonie est répartie en douze divisions, dites COLONATS, qui correspondent par trois aux quatre Principats.

Principat de la Famille

I. — Colonat de l'Economie domestique.
II. — Colonat de l'Enseignement.
III. — Colonat des Sciences et Arts d'application.

Principat du Travail

IV. — Colonat de l'Agriculture.
V. — Colonat de l'Architecture.
VI. — Colonat de l'Industrie et des Manufactures.

Principat de la Propriété

VII. — Colonat des Relations extra-communautaires.
VIII. — Colonat des Fêtes et Beaux-Arts.
IX. — Colonat de Retraites Elyséennes.

Principat de la Justice

X. — Colonat du Personnel.
XI. — Colonat des Comptes.
XII. — Colonat de la Juridiction sociétaire.

Les douze Colonats sont chacun constitués à la base, par les Unités Travailleuses primaires, pour l'exécution des travaux de détail;

Au milieu, par les Unités intermédiaires ou de section, pour le travail des bureaux;

Au sommet, par l'Unité Travailleuse de division, pour l'administration divisionnaire du Colonat. Le président de l'Unité divisionnaire est président du Colonat.

CONSEIL GÉNÉRAL D'ADMINISTRATION

Il est formé des douze présidents des Colonats et constitue l'Unité Travailleuse Générale de la Communauté coloniale.

LE SYNODE COLONIAL

Célèbre le culte de l'Unité sociale, et s'assemble pour les grandes Solennités.

Le Synode Colonial est formé des quatre Conseils Cardinaux, c'est-à-dire des quatre Gardiens cardinaux et des douze Présidents des Colonats, réunis sous la présidence du Mandataire de la Loi de Solidarité.

Culte religieux

Le fonctionnement de la Société morale est un culte religieux de la Loi et des Principes qui la fondent dans son Unité.

Ce culte est pratiqué à tous les rangs de l'activité sociale, aussi bien par tous les pouvoirs élus que par les membres individuels de l'Association, sous l'autorité morale des représentants de la Loi et des Principes.

Le Culte religieux est solennisé par le Synode colonial.

Le Mandataire de la Loi et les Gardiens des grands principes sociaux garantissent l'Unité sociale, dans son inviolabilité absolue.

C'est au nom de l'Unité sociale que sont exercés, dans une sphère toute morale, les Pouvoirs des hautes institutions du solidariat et des quatre Principats.

Ces Pouvoirs représentent, en quelque sorte, une royauté spirituelle, régnant dans la région souveraine de l'Absolu.

Au-dessous du Pouvoir moral fonctionne le Pouvoir élu, chargé du gouvernement des intérêts matériels de la Société, auxquels ne doit s'immiscer le Pouvoir moral que pour le rappel à la Loi et aux Principes.

Il est à remarquer que le SYNODE COLONIAL est une institution mixte, formée des représentants de l'autorité morale et des représentants de l'administration élue, et qu'il est l'expression complète des intérêts moraux et matériels de la communauté.

C'est aussi pour la garantie de tous les intérêts communaux et matériels que les QUATRE CONSEILS CARDINAUX ci-dessous sont eux-mêmes des institutions mixtes.

LES QUATRE CONSEILS CARDINAUX

Ils concourent au fonctionnement de l'institution morale des Principats. Ils sont formés chacun du Président de trois Colonats, sous la présidence du Gardien cardinal de leur Principat respectif. Voici leur composition :

Le Conseil Cardinal de la Famille :

Le Gardien Cardinal de la Famille, président.

Le Président du premier Colonat, ÉCONOMIE DOMESTIQUE, conseiller.

Le Président du second Colonat, ENSEIGNEMENT, conseiller.

Le Président du troisième Colonat, SCIENCES ET ARTS, conseiller.

Le Conseil Cardinal du Travail :

Le Gardien Cardinal du Travail, président.

Le Président du quatrième Colonat, AGRICULTURE, conseiller.

Le Président du cinquième Colonat, ARCHITECTURE, conseiller.
Le Président du sixième Colonat, MANUFACTURE, conseiller.

Le Conseil Cardinal de la Propriété :

Le Gardien Cardinal de la Propriété, président.
Le Président du 7me Colonat, RELATIONS, conseiller.
Le Président du 8me Colonat, FÊTES, conseiller.
Le Président du 9me Colonat, RETRAITES, conseiller.

Le Conseil Cardinal de la Justice :

Le Gardien Cardinal de Justice, président.
Le Président du 10me Colonat, PERSONNEL, conseiller.
Le Président du 11me Colonat, COMPTES, conseiller.
Le Président du 12me Colonat, JURIDICTION, conseiller.

Le Pouvoir moral absolu et le Pouvoir relatif élu

Le Pouvoir moral se trouve constitué par les représentants de la Loi de solidarité sociale et des Principes cardinaux de la société, qui donnent lieu aux grandes institutions du Solidariat et des quatre Principats.

Les Pouvoirs moraux étant absolus, ne sont pas soumis à la loi des majorités élues. — Ils se transmettent par tradition de la Loi et des Principes, au nom et sous l'autorité de la Science sociale universelle.

Il en est tout autrement du Pouvoir administratif des intérêts matériels, qui se nomme par élection et délibère à la majorité des voix.

Les Attributions respectives des deux Pouvoirs sont faciles à établir :

Le premier exerce une Autorité morale, souveraine, immuable comme la Loi et les Principes, dont il maintient le respect rigoureux, au nom de l'Unité sociale et de la Science suprême. Ses représentants doivent être revêtus d'un caractère supérieur de la nature même de la Loi et des Principes qui sont d'origine éternelle. Mais ils ne doivent pas descendre de la hauteur des Principes pour s'immiscer aux affaires de l'administration, qui ne relève que de la Loi du nombre.

Le second Pouvoir, issu des majorités électives, mobiles et temporaires comme lui-même, est limité au Gouvernement des intérêts mobiles et changeants, aux applications variables et modifiables de la Loi et des Principes ; mais il n'a pas qualité pour délibérer sur les intérêts immuables de la Loi et des Principes, ni sur les statuts du pacte social.

Pour être bien fondée, une Constitution sociale ne peut avoir lieu sans le concours respectif des deux Pouvoirs.

Un Etat dans lequel le Pouvoir moral n'existe pas, est donc impuissant à se constituer en société stable. Créée par le Pouvoir électif seul, une Constitution aura le vice originel de l'instabilité.

Les différences caractéristiques du Pouvoir moral absolu et du Pouvoir relatif du nombre sont :

Le Pouvoir élu délibère à la majorité des voix, sur toutes les questions d'intérêt temporaire et les modes d'applications de la Loi et des Principes.

Le Pouvoir moral transmet, sans discussion, les solutions de la science souveraine, qui sont toujours absolues et impliquent l'unanimité de ses interprètes dans la démonstration des théorèmes posés.

Le Pouvoir moral est le droit absolu d'humanité, qui tempère les brutalités de la Loi du nombre et des masses, et la ramène dans ses écarts au respect de la Loi morale et des Principes.

Car la Loi du nombre, non tempérée par le droit d'Humanité, est le Naturisme sauvage qui règle l'existence des bêtes.

Le fait prédominant de la Solution Sociale est le rétablissement de l'Autorité morale retrempée aux sources positives de la Science Universelle de Vie.

Il en résulte pour la Société Morale Majeure de nos Colonies Communautaires de Gains, le Pouvoir immuable et absolu, gardien de la Loi et des Principes sociaux s'harmonisant avec le Pouvoir mobile des majorités élues, administrateur des intérêts matériels et des applications variables des Principes et de la Loi.

Dans le domaine de la politique, ce serait la raison autoritaire de la droite et la raison du nombre de la gauche, reconnues en principe et rectifiées par les décisions absolues de la Science souveraine.

La grande pacification des esprits est dans l'accord des extrêmes. Mais nous délaissons la politique. Il n'est pas possible de faire régner dans le monde, l'accord que nous établissons victorieusement dans la Société Morale Majeure, loin du bruit et des discussions stériles.

Objet respectif des douze Colonats

Les douze Colonats, qui représentent et embrassent toutes les activités sociales, ont chacun leur objet déterminé par leur dénomination respective.

Ils seront chacun l'objet d'un développement spécial et étendu.

Nous faisons, par anticipation, une mention spéciale du Colonat des Retraites Elyséennes et du Colonat de la Juridiction Sociétaire :

parce que l'un répond aux aspirations et aux besoins les plus élevés de l'âme, dont il n'est pas encore question dans l'organisation physique de la nouvelle société, et parce que l'autre est la condition de la moralité supérieure, sans laquelle la Société Morale Majeure serait impossible.

Mention spéciale du Colonat des Retraites Elyséennes pour l'Ascension a la Vie spirituelle

Nous devons ici une mention spéciale au neuvième Colonat, qui est l'issue par laquelle les Sociétaires de la Communauté coloniale s'élèvent à la Souveraineté intellectuelle et morale, par le réveil progressif de leur âme à la conscience morale universelle, et par la culture de la Science Eternelle de Vie.

L'Ascension à la Vie spirituelle s'effectue ainsi, en toute liberté, à la lumière supérieure de l'esprit, sur l'aile des aspirations les plus nobles du cœur, loin des soucis de la vie matérielle.

Les Retraites Elyséennes sont la récompense matérielle et morale des actes d'abnégation, de dévouement et de sacrifices volontaires, dont les sociétaires ont fait preuve en dehors du strict accomplissement des devoirs réglementaires et obligés de la Colonie.

Les hautes capacités et vertus supérieures, les dispositions de l'âme, qui font trouver le bonheur dans celui qu'on procure aux autres, la soumission aux ordres de la conscience réveillée à la morale universelle, nous ouvrent les Retraites Elyséennes.

Dans ces domaines élevés, préludes évolutionnaires du quatrième âge de l'humanité, l'homme, au flambeau de la science suprême, affranchissant son cœur des servitudes de l'égoïsme, et son esprit des ténèbres de l'ignorance, parvient à la souveraineté personnelle, dans les hautes vertus morales de la liberté.

L'élevation de la personne humaine à la souveraineté intellectuelle et morale l'identifie à la Famille morale universelle, qui exerce l'autorité suprême de la Loi et des Principes.

Parvenu à la conception de la raison universelle de la Loi suprême et des grands Principes d'humanité, l'esprit humain émancipé en maintient le respect dans le jeu des Institutions sociales, par devoir de conscience dans l'infaillibilité de l'unité scientifique.

Exact comme la Science, — universel comme les Principes, — absolu comme la Loi, — chiffre vivant dans l'accomplissement de ses devoirs et dans l'exercice de ses droits, l'homme, souverain de lui-même, se rend homme-principe, homme-loi, homme-moral, Homme-Dieu.

Dans la région élevée des Retraites Elyséennes, séjour fortuné des hommes épanouis à la vie universelle, dans la souveraineté intellectuelle et morale, la Loi suprême de la vie s'accomplit dans tous les dévouements de l'amour pour l'humanité, et y devient une source de joies intarissables.

Les questions et débats des intérêts de la vie matérielle, les souffrances des minorités sacrifiées aux majorités par la loi du nombre, ne pénètrent point dans les Retraites Elyséennes, qui sont le triomphe de l'humanité sur l'esclavage du monde et de la matière.

Ce quatrième âge anticipé de la Société morale, dernier temps des épreuves terrestres et premier ciel de l'humanité triomphante, est le point intermédiaire des grandes étapes de la vie éternelle des âmes.

Mention spéciale du Colonat de la juridiction sociétaire sur les déchéances prononcées par la Société morale.

Le neuvième Colonat est le séjour des récompenses ; le douzième prononce les peines attachées à l'infraction des devoirs, jusqu'à déchéance de tous les droits de sociétaire.

Sanction pénale

Les défauts et vices personnels de la Vie intérieure, que les lois n'atteignent pas, deviennent justiciables de la juridiction morale de notre association.

En vertu de la solidarité, toute infraction à ses devoirs est une violation des droits d'autrui, et constitue un vice social.

La pratique des devoirs a donc besoin d'être rigoureusement disciplinée et maintenue par une sanction, afin de prévenir ou de réprimer leur infraction.

Dans l'esprit du Code Moral, sont réputés vices sociaux toutes tentatives d'actions ou actes ayant pour résultat d'arrêter le développement de nos facultés physiques, intellectuelles et morales nécessaires à l'accomplissement des devoirs sociaux, ou d'empêcher le libre exercice des vertus sociales.

Toute abstention volontaire et réfléchie, toute force d'inertie contraires aux devoirs commandés par la Loi de solidarité s'ajoutent aux vices sociaux, passibles de la juridiction privée de l'Association.

En tête de tous les vices justiciables du Code moral est l'Égoïsme, négation vivante de la Loi même de solidarité souveraine (1).

1. Quelques passages sont répétés pour insister sur leur importance exceptionnelle.

Après l'égoïsme mortel viennent : la Personnalité, négation de la Famille sociétaire ;

La Paresse, négation du Travail ;

L'Avarice, négation de la Propriété collective ;

L'Arbitraire, négation de la Justice.

L'Égoïsme, vice universel d'insolidarité, la Personnalité, la Paresse, l'Avarice et l'Arbitraire, vices cardinaux, et leurs hideux cortèges, causent tous les maux qui accablent l'Humanité.

En somme, doivent être prévenus ou réprimés par les jurys d'honneur, tout manquement aux devoirs de solidarité sociétaire : fainéantise, manque d'ordre, intempérance, prodigalité, médisance, calomnie, colère, envie, haine, vengeance, insulte, violence, ignorance, mensonge, paroles grossières, manque de respect, insubordination, entêtement, perte du sens moral, malpropreté, ivrognerie, orgueil, vanité, etc.

Épurement sociétaire en permanence

Le fonctionnement de la famille sociétaire, du travail mutuel, des intérêts collectifs et des droits de chacun, exige des fonctionnaires rigoureusement exacts, qui ne troublent pas l'unité sociale, au même titre que les opérations arithmétiques veulent des chiffres vrais pour aboutir à la solution exacte d'un problème.

Les agents sociaux qui viendraient jouer le rôle de chiffres faux dans le problème social en action, doivent être rectifiés ou rejetés avec des soins rigoureux.

Cet épurement physiologique de l'Association est l'œuvre efficace de la juridiction morale des jurys d'honneur.

Cette juridiction exerce un grand empire de moralisation sur les individus qui redoutent infiniment plus une sentence de leurs pairs, que le jugement de magistrats avec lesquels ils n'ont pas de rapports d'égalité et qu'ils ne fréquentent pas.

La fonction délicate des jurys d'honneur n'opère pas avec brutalité des chiffres, mais avec la lenteur douce et correcte de la vitalité.

Une faute accidentelle et irréfléchie ne sera point justiciable des jurys d'honneur, mais seulement toutes celles qui opposeront un obstacle soutenu et réfléchi au respect de la Loi et des Principes de la Société.

La juridiction morale procède graduellement par instruction, par conseil, par avertissement, par admonestation, par réprimande, par amende, par correction morale.

Elle ne frappe de flétrissure, de dégradation et de déchéance qu'après avoir épuisé tous les moyens de moralisation et de réhabilitation.

Quand elle expulse un de ses membres, avec toutes les garanties voulues, et qu'elle le rend à la sévérité de la justice de l'État, l'Association réserve aux décisions de l'Administration les questions matérielles d'intérêt et de personne.

Aucune solidarité ne pouvant équitablement exister entre les fidèles observateurs de la Loi et ceux qui la violent, l'épurement social en permanence est nécessaire.

A mesure que s'effectue l'épurement communautaire par le crible de sa juridiction, la *Révolution Morale* s'accentue davantage, sous l'action moralisatrice obligatoire et supérieure de nos Institutions de véridique renaissance sociale.

Nos grandes Associations colonisatrices ne deviennent pas seulement une source de prospérité et de richesses nationales, et de fortune pour les travailleurs.

Elles élèvent l'homme d'une condition médiocre ; elles ennoblissent son caractère, elles réveillent sa conscience au sens moral, et l'obligent à la pratique des vertus sociales.

Elles font des hommes nouveaux, qui entendent un langage supérieur, et qui s'émeuvent noblement aux inspirations élevées des grands citoyens.

A ces hommes de la régénération morale, salut !

A ces hommes, pour la plupart longtemps éprouvés par l'injustice, dans le feu cuisant du monde de domination et de servitude, à eux surtout, toutes les promesses du règne de Vérité et de Justice dans la Société Morale Majeure.

FONCTIONNEMENT DES PAIRIES DU TRAVAIL

Les Institutions et Règlements de Vie intérieure des Communautés de Gains concourent à l'unité sociétaire, comme les fonctions du corps humain concourent à l'unité physiologique. De part et d'autre, le concours a lieu sous l'empire de la même loi de solidarité, dont les unités travailleuses nous donnent le type élémentaire.

De la base au sommet de l'Association, toutes les activités sont constituées à l'état d'Unité, et accomplissent séparément ou collectivement la Loi souveraine de Solidarité, dans les œuvres de Famille, de Travail, de Propriété et de Justice, de sorte que l'Unité Sociale se retrouve vivante et fonctionnante sur chaque point de la Société.

Cet aperçu très-sommaire du jeu physiologique des sociétés

morales, appliqué à nos Communautés de Gains, nous montre son centre de vitalité sur tous les points de leur étendue.

Ce fonctionnement unitaire de la Vitalité sociale nous permet d'embrasser une variété immense de travaux, dont les détails ne pourraient jamais être compris dans une centralisation administrative.

Quelque multiple et variée que soit, chez nous, l'activité sociale, toutes les garanties d'ordre s'y trouvent réunies : l'initiative de solidarité, la capacité, l'intérêt particulier subordonné à l'intérêt général, la responsabilité de chacun et le contrôle de tous les sociétaires règnent à l'infini sur chaque point du travail et du mouvement.

A l'œuvre et à l'étude approfondie des Unités Travailleuses, on voit qu'elles constituent chacune un centre de Vie autonome, en même temps de Vie rayonnante et de Vie réfléchie, sous l'Autorité morale de la solidarité absolue des Principes de Famille, de Travail, de Propriété et de Justice.

Contrairement aux institutions mécaniques de la centralisation, nous faisons partir notre moteur économique de la base sociétaire de chacune des unités travailleuses primaires.

Le mouvement industrieux parti de la base, arrive généralisé au sommet de la société, où l'Administration supérieure est l'expression correcte des aspirations et des volontés de tous.

A tous les rangs au-dessous de l'Administration Générale, incontestable et incontestée, chaque unité travailleuse fonctionne dans sa propre souveraineté et dans la plus parfaite harmonie avec l'Administration Générale, unité travailleuse elle-même et souveraine.

Rappelons les quatre ordres d'Unité Travailleuse ou Pairies du Travail.

1° Les Ateliers, unités primaires, ouvrières, formées au premier degré d'élection ;

2° Les Bureaux, unités de section ou intermédiaires, élues au deuxième degré et formées des Présidents d'Ateliers ;

3° Les Directions Divisionnaires, élues au troisième degré, et formées des Présidents de Bureaux ;

4° Enfin, l'Administration Générale de la Communauté, élue au quatrième degré et formés des Présidents des directions divisionnaires ou Colonats.

Tous les membres et les Présidents des Pairies du Travail étant élus par leurs pairs, il en résulte que le Gouvernement des intérêts matériels de l'Association est un pouvoir issu du suffrage de tous les associés.

Mais au-dessus du Pouvoir élu, mobile et relatif des intérêts matériels, mobiles aussi, règne le Pouvoir moral absolu des intérêts immuables de la Loi et des Principes éternels d'humanité.

Le Pouvoir administratif matériel garantit les intérêts matériels ; le Pouvoir moral garantit les intérêts moraux. Les Pairies du Travail transformées en Pairies de Justice exercent un droit de juridiction morale sur l'Association. Les sentences sont révisables par l'Autorité compétente, pour empêcher toute violation de la Loi et des Principes d'Humanité, et du pacte sociétaire.

Nous avons vu précédemment que la juridiction morale, dévolue aux Unités travailleuses, devient un élément moralisateur de la plus grande puissance.

Si, dans un groupe, il se trouve un membre naturellement enclin à la négligence ou à la paresse, il est bien vite redressé par ses collègues, tous solidaires avec lui, tous responsables de sa conduite, tous, par conséquent directement et personnellement intéressés à ne plus le souffrir dans leurs rangs, s'il se montre récalcitrant.

Chaque membre d'un groupe suivra forcément le droit chemin en toute chose ; ainsi l'ordonnent les commandements de la solidarité.

La faiblesse et le vice fuiront devant ce moyen de moralisation supérieure des jurys d'honneur.

Une personne de cœur et d'intelligence, et même celle dont le sens moral est presqu'entièrement éteint, ne redoutera-t-elle pas plus le jugement de ses pairs, que celui d'un tribunal dont les juges lui sont inconnus.

C'est par l'enjeu de l'amour-propre, que les condamnés achèvent de se corrompre dans l'abime des prisons en commun.

C'est par l'enjeu de l'amour-propre, auquel restent presque toujours accessibles entre eux les plus endurcis, que nous voulons aussi les sortir du puits de l'abime, en les régénérant par la fraternelle et mutuelle moralisation des jurys d'honneur.

Terminons ce chapitre par un bref retour au fonctionnement économique des Unités travailleuses.

Nous rendons tout arbitraire impossible dans l'exercice de leurs fonctions.

Les pouvoirs d'un Président de Pairie doivent toujours résulter des résolutions prises à la majorité, au sein du Conseil.

Les chefs de service, chargés des pouvoirs nécessaires à l'exécution de leur tâche respective, ne font que transmettre les décisions du Conseil qui les autorise à s'adjoindre tel ou tel de leurs collègues.

Dans la vie solidaire, combien ne sont pas faciles à pratiquer l'obéissance et la discipline du travail établies par le droit commun, sur le principe d'égalité sociétaire !

Qui obéit aujourd'hui, demain a le droit de commander à son tour. Obéissance et commandement ne sont pas des expressions justes.

Les Chefs momentanés de service n'inclineront-ils pas naturellement à avoir des entretiens amicaux et instructifs avec leurs subordonnés du moment sur les opérations à exécuter, dans le but de perfectionner l'ouvrage dont ils sont tous responsables. — Il ne peut en être autrement entre travailleurs sociétaires ayant des intérêts identiques, et étant, à tour de rôle, subordonnés les uns aux autres.

Les lecteurs qui approfondiront les propriétés des unités Travailleuses, trop sommairement traitées ici, verront qu'elles sont la condition fondamentale et nécessaire de l'organisation féconde et moralisatrice du Travail, dans son fonctionnement mutuel.

Admission dans les communautés coloniales.

Pour vous admettre, on ne demande de vous que les qualités du bon travailleur, un sens droit, un bon jugement et une santé passable.

Etant inscrit pour l'admission, vous entrez dans la Communauté à partir du jour où vous avez votre place marquée dans les ateliers du Travail, d'après vos capacités.

En entrant dans la Colonie, soit seul, soit avec votre famille, vous y êtes tous logés, nourris et habillés, aux termes des statuts.

La Communauté se charge de vos enfants, de leur éducation et instruction dans ses propres établissements créés à cette fin, telles que maisons maternelles, écoles modèles d'enseignement universel, maison paternelle d'éducation.

Les dépenses de ces établissements singulièrement réduites, en vertu des économies surprenantes du principe communautaire appliqué dans toute son étendue, tous les objets de consommation étant produits par la Colonie sont passés à frais généraux.

Si vous parvenez à vous identifier au personnel communautaire de la Colonie, vous en devenez le propriétaire collectif ; vous y êtes chez vous, même jusqu'à votre mort, et vos enfants vous y succèdent, sans aucun souci des soins de la vie matérielle, à la seule condition de fournir une part de travail en rapport avec vos facultés.

Dans la Communauté, vous jouissez de tous les droits de majorité sociale, sur le principe d'égalité pour tous.

Vous administrez librement, par les majorités élues, la Société dont vous êtes membre intégral. C'est toute la liberté dont peut jouir l'Homme en société morale.

Si la lecture du chapitre suivant vous pénètre et vous émeut, soyez rassuré, vous avez en vous les conditions voulues pour votre admission dans les Colonies de renaissance sociale.

CONDITIONS ET DEVOIRS DE LA LIBERTÉ

La liberté n'arrive que par l'affranchissement de soi-même.

Il est plus difficile de s'affranchir de soi-même, de son ignorance, de ses préjugés, de ses vices que de la tyrannie d'autrui. Celle-ci n'est plus rien quand on s'est rendu maître de soi-même.

Heureux les affranchis d'eux-mêmes ; ils ne seront pas réfractaires à la lumière supérieure des âmes libres, la seule qui moralise l'homme et qui fonde les caractères. Ils lui ouvriront, quand elle va bientôt venir frapper à la porte de toutes les consciences.

Mais l'égoïsme idolâtrique du monde n'ouvrira pas, parce que l'avenir et le salut ne sont point en lui.

Ceux qui ouvriront, dans le détachement de tout esprit de domination et de servitude, verront se réaliser les plus nobles aspirations de leur cœur, avec la juste satisfaction de leurs besoins intellectuels et physiques, dans la société nouvelle, dont nous apportons les plans et l'organisme vivant.

Les rebuts et les transgresseurs de la liberté, c'est-à-dire les esclaves et les despostes, ne peuvent trouver accès chez nous, tant qu'ils ne se réformeront pas et qu'ils resteront réfractaires à la lumière supérieure des âmes libres et capables de porter le fardeau de la liberté, c'est-à-dire de l'émancipation personnelle.

Si nous répudions les serfs et les esclaves, nous n'acceptons pas davantage les insubordonnés ; il ne suffit point de secouer l'autorité du maître pour se dire ou se croire libre. Le bon serviteur est plus proche de l'émancipation.

Quand vous ne voulez plus vous soumettre à la direction des autres, il faut avoir en vous les vertus nécessaires à votre propre direction, et avoir assez de caractère pour vous imposer une règle de conduite.

Pour être admis à l'émancipation sociale, vous avez besoin de prouver, par votre bonne conduite, que votre répugnance invincible pour la condition passive de servitude tient à une évolution progressive de votre être, et que vous êtes mûrs pour la liberté.

Si vous ne mettez pas en œuvre les vertus nécessaires à la liberté, vous vous condamnez à retomber fatalement plus bas dans l'esclavage, où languit tout homme incapable de se conduire lui-même.

Travailleurs qui trouvez trop amère la coupe des servitudes du passé, et qui voulez boire à celle de la liberté, apprenez-en les charges et les devoirs virils.

La première condition d'un libre ou franc-travailleur, c'est d'émanciper lui-même le Travail par ses propres vertus, par son intelligence et par sa conduite.

Ouvriers, qui voulez franchir la ligne du salariat, si par votre admission dans les Colonies du progrès moral, vous ne prenez l'initiative de vos actes, et si vous ne faites votre devoir de toutes les conséquences qui peuvent en résulter, vous n'êtes pas mûrs pour le Travail libre ; vous êtes encore mineurs de l'esprit et de l'âme, vous êtes incapables des lourdes charges de la liberté ; restez les serviteurs du maître, qui peut adoucir en vous la triste condition de la faiblesse morale et de l'ignorance.

Toutes les amertumes de cette âpre et sauvage condition continueront fatalement de vous abreuver, jusqu'au jour de votre réveil au noble et fier sentiment de la liberté morale, qui sera celui de votre délivrance dans d'autres temps.

Travailleurs d'élite par le cœur et par l'intelligence, qui voulez sortir de l'esclavage, de la misère et devenir vos maîtres par vos œuvres, pour vous établir dans la dignité humaine au souffle moral de la liberté et du devoir,

Levez-vous dans la lumière et la paix de vos consciences.

Les temps de résurrection à la vie morale sont arrivés pour vous ; soulevez la pierre de vos tombeaux et secouez-en la poussière.

Appuyés sur le droit légal de votre pays et sans chercher plus loin, rentrez en jouissance de vous-même, dans les Sociétés Universelles de Gains.

Un long et douloureux passé s'est, pour vous, accompli dans la consommation des siècles.

Soyez les premiers et dignes représentants des temps nouveaux, qui seront la vie succédant à la mort, le printemps succédant à l'hiver.

Il faut que l'Avenir rajeuni se dégage du passé, comme la flamme se dégage de la cendre éteinte.

La flamme, c'est votre âme divine, éternelle, se réveillant à la conscience morale uiverselle.

La cendre, c'est la poussière du monde consumé.

Gens de cœur et d'intelligence de toute catégorie, prenez des résolutions viriles.

L'heure a sonné pour vous de sortir de la corruption et des ténèbres de la nécropole du Monde.

Au flambeau de la science éternelle de vos âmes, remontez dans les concerts de l'Humanité triomphante, sous la Loi et les Principes de nos Colonies de renaissance sociale.

C'est par le culte soutenu des Principes et de la Loi suprême de vie que vos femmes et vos enfants ne connaîtront plus la misère ni la faim.

Citoyens Français, qui avez pour tâche historique de précéder les nations occidentales dans les voies régénératrices de l'humanité, votre pays souffre tant de la division et de la haine des partis, parce que leurs agissements sont une violation flagrante et permanente de la Loi et des Principes de la Société morale éternelle.

Vous avez pour devoir de vous montrer supérieurs aux autres peuples, dans les pratiques des vertus sociales de la Solidarité.

Déposez l'égoïsme outré du monde.

Remplacez le culte sacrilège des personnalités égoïstes, par le culte de la Loi sociale souveraine.

Et vous tarirez pour vous et entre vous la source des maux qui accablent les hommes du temps.

Le monde, atteint de la maladie constitutionnelle et incurable de l'égoïsme, ne peut vous suivre dans le respect de la Loi et des grands Principes sociaux ; laissez le monde à lui-même ; mais sachez vous affranchir de ses servitudes moribondes, de ses tristes préjugés, de son aveuglement obstiné, de son ignorance humiliante, de ses vanités, de ses sottes gloires, de ses haines, de ses calomnies, de ses convoitises, de ses impuissances qui sont un travail de décomposition, accomplissant une loi fatale de la vie de l'Univers.

Détachez-vous du moribond se désagrégeant lui-même ; reconnaissez-vous au souffle vivant de votre aspiration pour un monde de justice et de vérité basé sur l'amour des hommes entre eux et sur la réciprocité des bons services.

Faites renaître vous même, par votre mutuelle initiative, la Société Morale, sur le principe de l'intérêt particulier subordonné à l'intérêt général, et sur le bonheur ayant sa source dans celui que vous procurez aux autres.

Sous le règne d'une étroite solidarité entre vous, les faiblesses et les défauts qui prennent naissance dans la domination et la servitude, les vices politiques et sociaux s'évanouiront ; parce qu'ils n'auront plus de raison d'être, et qu'ils ne pourront résister au culte de la solidarité morale.

Par la même raison, les vertus sociales se révèlent et éclosent dans la nouvelle population travailleuse, rendue à ses devoirs et à ses droits de nature et d'humanité.

La dignité du bonheur, basé sur le devoir rempli transfigure cette population pacifique, et en fait un peuple supérieur inconnu de l'histoire.

A l'Œuvre, et les cœurs debout, Artisans, Ouvriers, Artistes, Travailleurs de toute classe, dignes de l'avenir meilleur que vous avez pour tâche impérieuse de fonder, faites sur vous-mêmes les plus grands efforts, faites preuve du plus grand courage pour échapper au mal incurable et contagieux qui ronge l'ancienne société, et qui la rongera jusqu'à sa consommation finale, comme ont été consumées toutes les civilisations éteintes du globe, pour faire place à celles qui leur ont succédé.

Concourez à l'établissement des Institutions moralisatrices et régénératrices des éternels Principes d'Humanité, dans le mode de leur évolution majeure, tels qu'ils doivent être appliqués dans les Sociétés universelles de Gains, sous la dénomination de nos Colonies de renaissance sociale.

Bouchez-vous les oreilles et fermez les yeux aux partis fatalement livrés à l'erreur jusqu'à leur consommation.

Parvenus à la conquête des grands principes moraux de l'Humanité, seuls absolument vrais et indiscutables, formons un Esprit National nouveau et véritablement français, Esprit créateur de la vie et du bien-être pour tous.

Que votre Loi soit réellement la Loi de l'Humanité apportée en son germe par le Christ.

Que votre premier commandement soit la condamnation absolue de tous recours à la violence.

Gardez-vous de la force. La force triomphe de la matière, jamais de l'Esprit. Soyez l'Esprit de la grande Nation régénérée et confondez ses calomniateurs.

Et, par vous, la nation française accomplira ses hautes destinées.

L'un de ces grands Principes de société, le Travail, ne peut être organisé sur sa loi que dans une société entièrement nouvelle, composée de gens d'élite, qui formeront des Colonies agricoles et manufacturières en dehors de tout parti et de toute politique, dans l'unité d'intérêts, avec un sentiment de concorde universelle, et avec la pensée bienfaisante, essentiellement humanitaire, de secourir la société avec l'abondance inépuisable de ses œuvres.

Travailleurs, précurseurs de l'avenir, laissons donc le monde à sa caducité. Sortons de son sein comme l'arbre vivant sort de la terre inerte.

Artistes et travailleurs français,toujours les pionniers de l'avenir, révélez-vous aujourd'hui dans votre ampleur. Ouvrez les bras et le cœur à l'immensité de votre tâche. Etonnez vos détracteurs par la virilité de votre vouloir, par la discipline et la morale de vos actes, par la maturité de vos jugements, par la taille de vos conceptions et par la justesse de vos maximes.

Ouvrez des temps nouveaux, en esprit et en vérité.

Tout simplement, avec les moyens qui seront mis à votre disposition, commencez à préparer les voies d'une renaissance sociale sur la Loi et les grands Principes de la Famille, du Travail, de la Propriété et de la Justice Sociétaires, sous l'inspiration des sentiments universels de la nature et de l'humanité.

Aussi éloignés des réactions affolées que de démolisseurs révolutionnaires, étrangers aux discussions stériles de la politique et aux luttes barbares de la guerre, établissez chez vous, dans votre famille coloniale, le travail pacifique et rédempteur.

Travaillez, travaillez toujours. Là est votre salut, la genèse d'un monde nouveau et supérieur par les œuvres de l'esprit nouveau de la nation française.

Premiers Artisans de l'Œuvre de Vie, ouvriers du Salut, prouvons aux ennemis intérieurs et extérieurs de notre patrie qu'elle ne faillit point à ses divines et immortelles destinées,et que, trahie et livrée, elle marche encore à la tête des nations, dans les voies nouvelles de l'humanité ouvertes par le travail.

Travailleurs éclairés de toute condition, qui voyez percer l'avenir de l'Humanité Triomphante à travers la tempête, mettez-vous à l'œuvre sans retard. Si vous perdez une heure, une heure irréparable, ce beau ciel d'espérance se ferme pour vous, et le gouffre d'une civilisation morte, entièrement morte à la conscience du droit, de la justice et de la morale de l'humanité, s'entrouvre pour vous engloutir dans les eaux impures de la décomposition sociale et du despotisme.

La planche de salut vous est tendue.

Si vous ne la saisissez vite, vous coulez à fond dans le puits de l'abîme.

Vous êtes avertis. Gens de cœur, entendez ! Les temps sont suprêmes.

Extrait de l'Enquête expérimentale de l'Auteur relative à la Médecine et aperçu de ses efforts de Renaissance Médicale

LA SANTÉ DE L'HOMME PAR LA NATURE VÉGÉTALE ET VÉGÉTATIVE

(SOLUTION MÉDICALE)

L'Œuvre de Santé a été l'occupation journalière de toute mon existence.

Un long exercice de la pharmacie sur une grande échelle et mon Traité général de Médecine Naturelle connu sous le nom de **La Santé**, témoignent de mon activité familière et de mes travaux tendant à remettre en lumière et en saine pratique l'Art éternel de guérir, dénaturé par les systèmes et effacé sous la rouille des siècles.

La renaissance de la Médecine Naturelle, vers laquelle je me suis surtout dirigé dans ma sphère modeste, est un simple résultat des découvertes merveilleuses de l'anatomie et de la physiologie, dues aux savants illustres qui ont débrouillé le chaos de l'ignorance humaine sur la construction et l'organisme vivant de notre corps.

Je n'ai pas à parler plus longuement ici de l'intéressante question de la Santé. On en trouvera les développements désirables dans l'Ouvrage précité de la Médecine Naturelle par les Plantes arrivé à sa 8me édition.

Un point qui se perpétue à l'état de crise aigüe, causée par l'intérêt de corps de la profession médicale *fermée à mes efforts*, c'est mon initiative privée de la Renaissance de la Médecine naturelle végétale, initiative d'une absolue nécessité, ouvrant un refuge contre le fléau des intoxications médicales et contre bien d'autres abus fatals.

La preuve du refus de la *Médecine Officielle* à entrer dans mes vues de la Renaissance médicale par l'Interprétation Synthétique de la Nature, c'est qu'elle les a combattues par la conspiration du silence, à la suite de leur publication dans le journal l'*Union Médicale* du 3 août 1880, journal très autorisé de Médecine.

Voici l'article publié :

Prolégomènes sur la Renaissance de l'art de guérir par l'interprétation synthétique de la nature

(Article publié dans le Journal l'*Union Médicale*, le 3 août 1880)

L'interprétation de la Nature par la Synthèse physiologique nous conduit nécessairement à la Renaissance de l'Art de guérir.

L'esprit d'analyse qui règne encore trop exclusivement sur notre époque, après avoir rempli utilement son rôle d'examen et de critique contre les erreurs et l'ignorance des temps passés, devient, à son tour, par ses empiètements sur la philosophie positive, une cause d'étiolement de la raison humaine, qu'il retient à l'état de minorité, en la privant des lumières majeures de la SYNTHÈSE, dont le jour arrive par l'état actuel de la Science.

Loin de nous révéler les grands Principes et la Loi qui doivent fonder l'Avenir, les prétentions analytiques, en d'autres termes, nos critiques, excluant toute théorie et tout esprit de synthèse, qu'il est de leur essence de ne pouvoir jamais comprendre, comme nous le démontrons plus loin, nos doctes et nos savants n'aboutissent qu'à une vaine érudition, à une accumulation confuse des connaissances humaines, au chaos, au scepticisme, en un mot, à une négation générale, incapable de donner la moindre affirmation positive de la Vérité, même celle de la Vie.

Notre point de départ n'est donc pas un procédé d'analyse et de décomposition, mais bien la Science universelle de Synthèse ou de recomposition, représentée en action par le fonctionnement de l'Unité Physiologique du corps humain, image réduite de l'Unité Physiologique de l'Univers vivant.

Nous disons, la Science de la *Synthèse universelle*, car pour être vraie la *Synthèse* doit tout embrasser et être absolue ; et alors toutes les propositions rigoureusement logiques qui en découlent, comme les conséquences de leur principe, sont d'une vérité absolue, comme les corollaires d'un théorème.

La Science de la Synthèse universelle nous apprenant que la Nature, au sein de l'univers comme au sein de notre organisme, est *une* dans ses créations de Vie, et qu'elle est nécessairement *une* aussi dans son action conservatrice et réparatrice de la Vie, nous affirmons le principe de l'Unité Médicatrice de la Nature ou l'Intégralité de l'Art dans la Médecine Physiologique Naturelle.

Après avoir indiqué, en quelques mots, l'interprétation médicale de la Nature par la Synthèse Physiologique, nous allons sommairement démontrer comment la Médecine, comprise et exercée d'après cette interprétation supérieure, nous conduit à la Renaissance que peut réaliser tout praticien par la MÉTHODE empruntée à la nature même, et que nous avons aujourd'hui pour devoir de transmettre au profit de l'Humanité et des intérêts professionnels de la médecine et de la pharmacie. Depuis plus de vingt ans, cette *Méthode* physiologique est pratiquée dans l'admiration de ses résultats merveilleux, entraînant certitude de guérison dans toutes les maladies aiguës ou chroniques hors les seuls cas de lésions organiques et de dégénérescence virulente ou diathésique.

Jetant un regard sur le chemin parcouru par les lumières de ce dernier siècle, c'est-à-dire par l'érudition analytique, nos plus savants médecins, nos professeurs les plus autorisés ont déclaré : *L'Art de guérir est encore à faire !*

Cette affirmation ressemble à un paradoxe, mais elle est profondément vraie.

D'où vient ce fait étrange de l'Art de guérir faisant encore défaut à la science, à la vaste érudition des membres personnellement si distingués du corps médical ?

Notre réponse très simple, faite en peu de mots, puisée dans la Science Synthétique universelle, va nous sortir de la confusion et nous donner en même temps la raison de l'évolution nécessaire en médecine et en pharmacie, c'est-à-dire de la Renaissance Médicale. Il est vrai, l'*Art de guérir est encore à faire*, ou pour parler plus correctement, à faire renaître ; car l'Art est éternel.

Cette vacance du principe même de la médecine nous vient de l'empiètement des sciences analytiques sur la synthèse, qui avaient pour tâche limitée de faire l'examen des erreurs et des vices glissés dans la pratique de l'Art depuis de longs siècles d'ignorance et de routine. Le rôle de l'analyse dévait se borner à l'autopsie des applications de l'Art. Malheureusement, les investigations analytiques ont dépassé le but et disséqué l'Art lui-même, au point de ne plus en laisser que des vestiges épars et inertes, comme les membres dispersés d'un cadavre sous le scalpel de l'anatomiste. Dans le premier cas, toute trace de l'Art a disparu, comme a disparu, dans le second cas, toute trace de vie.

Les procédés analytiques sont bien faits pour dévoiler les erreurs et les défectuosités des applications de l'Art en remontant des effets à la cause, mais ils sont absolument impropres à embrasser et à faire comprendre l'Art lui-même dans sa synthèse, pas plus que les procédés anatomiques ne peuvent faire renaître la Vie dans son Unité.

La raison en est évidente :

L'Art, comme la vie, ne procède que des rapports, et s'évanouit nécessairement devant les investigations désagrégeantes et destructives des rapports qui les engendrent.

Les sciences analytiques, sciences mineures de l'âge critique de l'humanité, l'érudition qu'elles donnent, les connaissances décousues qu'elles entassent confusément dans la mémoire, sont la négation de l'Art, comme la science anatomique est la négation de la vie.

Seule, la synthèse, peut et doit venir féconder toutes les connaissances stériles de l'analyse.

La synthèse universelle, objet immense de la Science majeure, qui vient émanciper l'esprit humain et nous affranchir en réalité de la maladie est seule capable de comprendre la Vie et l'Art réparateur de la Vie, parce que, seule, elle embrasse tous les rapports d'où procèdent l'Art et la Vie.

La Nature, étant l'image vivante de la Synthèse Universelle, la Science de Vie en action, nous marchons à la reconnaissance de cette Science Supérieure et de la Lumière nouvelle qui en jaillit, par la seule interprétation de la nature.

Le grand livre de la Nature, ouvert par la Science Synthétique universelle, transforme l'instinct et l'intuition en une science exacte, et nous donne l'intelligence de l'Art, comme de la Méthode, qui est le corps de l'Art.

Nous voyons alors en toute évidence, dans la pratique médicale, le rôle respectif de l'Analyse et de la Synthèse. L'analyse établit le diagnostic, purge l'Art de ses applications erronées ou vicieuses, et laisse à la synthèse la tâche de relever l'Art dans la souveraineté de ses principes et de sa loi.

L'art commence à la synthèse qui résume, pèse et compare tous les détails, toutes les particularités propres au sujet et examinés isolément dans le diagnostic. On est arrivé à établir admirablement le diagnostic d'un malade, mais il reste habituellement stérile; parce que, dans presque tous les cas, la synthèse du traitement, c'est-à-dire l'art lui-même, lui fait défaut. Après le diagnostic établi, on est plus souvent à bout de science et de ressources. Alors on fait une médecine de pièces et de morceaux. On traite le malade sur les seules données du diagnostic, sans remonter à la synthèse d'un traitement en correspondance avec l'unité physiologique de l'organisme humain universel en sa teneur et solidaire entre toutes ses parties On pratique ainsi une *médication analytique*, c'est-à-dire *négation de l'Art* et par conséquent de la vie elle-même. — Qui ne reconnaîtra pas ici le cas trop fréquent de la pratique médicale contemporaine, qui a fait dire avec raison que l'ART MÉDICAL EST ENCORE A FAIRE !

Loin de moi la pensée de jeter le blâme sur aucune personne, de la situation que je me borne à constater. — Une connaissance aujourd'hui plus complète de la loi de vie me ferait même retrancher de mon Traité de Médecine naturelle, si j'avais à le refaire, les passages de critique générale, pour le moins inutiles. — Ne sommes-nous pas entrés dans une époque de majorité, où chacun ne relève plus que de ses actes et des jugements bons ou mauvais de sa conscience, sous la juridiction de la Loi sévère de solidarité humaine, à laquelle, fatalement, personne n'échappe.

Reprenons notre sujet.

Il faut la science la plus vaste au médecin ; il lui faut la Science Synthétique Universelle, afin qu'il puisse bien comprendre et pratiquer l'Art de guérir dans son amplitude souveraine.

En effet, dans l'exercice positif de l'art, le rôle principal revient à la Synthèse de la *situation la plus large*. Pour faire de la bonne médecine, il faut embrasser non-seulement l'économie entière du malade, mais encore toutes les influences physiques, intellectuelles et morales pouvant réagir sur lui. Il faut que, par la synthèse, le médecin, dieu réparateur de la vie, soit capable de saisir l'analogie de l'unité physiologique de l'univers vivant avec l'unité physiologique du corps humain, en raison de la Solidarité qui règne entre tous les systèmes organiques de l'homme comme entre toutes les parties du grand tout ; en un mot, il faut que le médecin soit initié à la *Physiologie comparée de l'Homme et de l'Univers*, objectif immense de la Science Synthétique Universelle.

C'est précisément à la reconnaissance de cette Science supérieure que se livre la Société Physiologique de Médecine et de Pharmacie pour le rétablissement intégral de l'Art de guérir.

Dans cette voie ouverte et déjà suivie par plusieurs d'entre nous, depuis les plus hautes spéculations scientifiques jusqu'aux plus infimes détails, nous avons retrouvé, non sans étonnement, dans les plus modestes Plantes et leurs Sucs, la source intarissable des vertus universelles de la Nature Médicatrice, pendant si longtemps tombées dans le dédain et l'oubli, parce que la Botanique était pratiquée, non-seulement, *sans règle et* SANS MÉTHODE, mais encore avec la plus grossière routine protégée par l'ignorance et les préjugés.

Nous avons donc à appeler l'attention du praticien sur toute l'importance de la MÉTHODE, qui manifeste la valeur propre et la valeur relative des remèdes hygiéniques végétaux bien préparés, et qui les élève aux plus hautes vertus curatives, dont on avait perdu toute idée.

Le Remède n'est que l'instrument ; la Méthode est l'intelligence qui le manie dans la main du praticien habile, qui opère des chefs-d'œuvre de guérison.

C'est la Méthode qui dégage les vertus des remèdes et qui les fait valoir, en même temps qu'elle fait le vrai médecin.

Les meilleurs remèdes ne tombent-ils pas sous un juste discrédit à l'état de matière inerte ou dangereuse, si leur administration n'est pas dirigée par une bonne et correcte méthode ?

Tout notre arsenal pharmaceutique n'offre plus qu'une stérile et lamentable abondance, parce nous n'avons pas la méthode de son emploi, et que l'art de nous en servir est perdu.

Mais, nous l'avons déjà dit, toute méthode ne se crée que par la synthèse ; et c'est parce que l'analyse règne aujourd'hui exclusivement sur toutes les écoles que nous manquons de méthode.

Les recherches analytiques, il est vrai, nous ont heureusement dévoilé les erreurs des systèmes et de la routine du temps, mais elles ont tué du même coup l'Art et la Méthode, en dépassant le but. N'errons-nous pas dans le vague et la confusion des connaissances désarticulées de l'érudition !

L'Art ancien et éternel, purgé des abus que l'ignorance des siècles y avaient accumulés, mais mutilé par les procédés dissolvants de l'analyse, attend le règne de la Synthèse pour se reconstituer et renaître avec la Méthode.

Le temps est venu de nous inspirer de l'esprit nouveau de la Synthèse Physiologique, pour remettre en pleine lumière et relever le rôle du médecin dans la souveraineté de l'Art et de la Méthode, et pour affranchir de nouveau l'homme de la maladie, comme à des époques antérieures de l'humanité heureuse et parfaite, vers laquelle nous remontons si péniblement.

L'avènement si désiré de l'Art et de la Méthode à la souveraineté n'arrive-t-il pas enfin parmi nous, devant cette affirmation positive, que la *Nature médicatrice*, interprétée par la *Synthèse Physiologique* donne au praticien certitude absolue de guérison dans toutes les maladies aiguës ou chroniques, hors les seuls cas de lésions organiques et de dégénérescence, comme il a été dit plus haut.

Nous possédons par milliers des lettres qui témoignent, dans le cours de vingt et un ans, de la souveraineté de la Médecine naturelle rétablie dans son intégralité Synthétique, au nombre desquelles se trouvent les attestations de praticiens et médecins en chef d'Hôpital.

Le professeur libre Hureaux.

Pour combattre le silence officiel de l'orgueilleuse corporation médicale, qui n'a pas dit un mot de ce considérable travail, j'ai tenté le projet de

FONDATION DE LA FACULTÉ LIBRE

De Médecine domestique Naturelle avec la coopération de la Société Physiologique de Médecine et de Pharmacie. (LOI DU 12 JUILLET 1875)

EXPOSÉ DES MOTIFS

Un événement médical : la RENAISSANCE DE L'ART DE GUÉRIR, due à l'interprétation SYNTHÉTIQUE de la Nature, et au retour de l'usage rationnel des Herbes et Sucs Végétaux, a donné lieu à la *Société Physiologique de Médecine et de Pharmacie* pour la vulgarisation de cet événement heureux.

Les services incalculables rendus à l'Humanité souffrante par la promptitude des guérisons dans les maladies aiguës, par les cures les plus inattendues dans les maladies chroniques, par la lutte contre le fléau des intoxications médicales, ont décidé cette Société scientifique et professionnelle d'offrir à tous les praticiens, par son BULLETIN *de Thérapeutique Naturelle*, les moyens d'exercer eux-mêmes l'Art de Guérir si heureusement rétabli sur la vérité éternelle de la Nature Conservatrice et Réparatrice.

Mais la proposition n'ayant pas été accueillie, comme elle méritait de l'être, et n'ayant pu vaincre l'indifférence ou l'opposition systématique de la généralité des docteurs, la Société Physiologique de Médecine et de Pharmacie a dû prendre la résolution de donner son concours à la création d'une FACULTÉ LIBRE DE MÉDECINE, dans le but de surmonter une partie des obstacles qu'elle rencontre dans les préjugés et la routine de la corporation médicale dominante. Cette résolution était devenue nécessaire pour parvenir à vulgariser dans les familles l'enseignement de la Médecine Domestique Naturelle, qui rend chacun médecin de soi-même et des siens.

L'auteur de LA SANTÉ ou Traité général de Médecine Domestique Naturelle, par les Herbes et les Sucs Végétaux, aux travaux duquel est due, après des luttes sans exemple, la *Renaissance de l'Art de Guérir*, continue ainsi l'*Exposé des Motifs* :

Parti du sentiment intuitif de la nature, du simple bon sens commun et de la raison de tout le monde, mais guidé surtout par la raison morale du cœur, enfin parvenu par cette voie scientifiquement inexplorée, à la Science universelle de Vie, nous avons trouvé la solution du problème de la vraie médecine, la loi et les grands principes de l'Art de guérir après quarante ans de hautes études et d'observations expérimentales.

C'est par la Synthèse Universelle et l'Unité Physiologique, que nous avons pu dégager de la rouille des siècles de minorité intellectuelle et rendre à son éclat la Médecine primitive de la Nature, l'Art éternel de guérir.

Après le parcours d'un immense orbite de recherches scientifiques transcendantes, notre point d'arrivée s'est trouvé être aussi simple que notre point de départ, autant par la simplicité des agents médicaux que par celle de l'intelligence nécessaire à la Médecine Naturelle, qui ne demande que le simple bon sens de tout le monde.

Mais pendant que les docteurs de la Médecine dominante enseignent dans leurs écoles une science inaccessible au public et contredite par eux-mêmes, pendant qu'ils déclarent que l'*Art de Guérir est encore à faire*, qu'ils avouent entre eux que leur science actuellement est à l'état de chaos, qu'elle est, de l'aveu formel des plus sincères d'entre eux, *une profonde absurdité et un danger public*, par quel étrange paradoxe et quel mystère de l'homme, ces érudits, ces savants, qui ont une réputation de supériorité sur les autres hommes, ne peuvent-ils reconnaître et n'embrassent-ils pas les grandes et simples vérités de la médecine naturelle, l'Art de guérir reconquis dans sa souveraineté et si bien compris des esprits droits et simples !

Pourquoi cette attitude phénoménale des docteurs ? Parce que les observations analytiques *poussées à l'excès* dans leurs études classiques, et constituant toute la science médicale *sans le contre-poids de la synthèse* systématiquement interdite, n'engendrent que confusion de détail et ténèbres, parce qu'elles *atrophient la faculté généralisatrice de la pensée et jettent l'esprit dans l'impuissance de concevoir les vérités d'ensemble.*

C'est donc par la fausse direction donnée à l'enseignement supérieur des écoles officielles que les docteurs et les savants de notre époque sont incapables de comprendre et de reconnaître aujourd'hui l'Art de guérir dans sa synthèse universelle !

Les lecteurs qui saisiront la gravité des motifs exposés dans ces préliminaires concluront eux-mêmes à l'urgence absolue de fonder une Faculté et des Ecoles nouvelles de Médecine pour créer un enseignement médical nouveau, qui réponde aux lumières du temps et aux besoins de l'humanité souffrante.

D'ailleurs, ne faut-il pas absolument que les institutions libres de l'avenir s'élèvent à côté des institutions autoritaires du passé et négatives de l'émancipation humaine. Car ces dernières perpétueront fatalement les préjugés dont leur routine est imbue.

La médecine magistrale, qui n'a fait que de dénaturer l'art de guérir, sans pouvoir le reconstituer, ni même le reconnaître à son jour, continuera inévitablement d'être enseignée dans les anciennes écoles et pratiquées sur les ignorants, incapables de comprendre que la médecine officielle le plus souvent se rend plus dangereuse que le mal dont ils souffrent.

Il faut donc à la médecine de l'Emancipation humaine un enseignement nouveau, qui rende l'homme médecin de lui-même, qui l'affranchisse de l'autocratie médicale, et, par conséquent, une école nouvelle que l'Œuvre du Salut a pour tâche de fonder, sous la dénomination de FACULTÉ LIBRE DE MÉDECINE DOMESTIQUE NATURELLE.

C'est donc par une science illusoire, comme nous l'avons vu, que la médecine dominante jouit de ses prérogatives officielles, au préjudice de la médecine souveraine de la nature, que dédaignent les docteurs.

En effet, la Science, la Vraie Science *majeure*, la Science Universelle de Vie n'est pas la lumière qui éclaire la médecine doctorale, mais la science *mineure* de l'analyse et des conjectures, qui fait bien l'érudit, le docteur, le savant de convention, le prince de la médecine si vous voulez, mais non pas le véritable médecin initié à la synthèse universelle ou physiologique de l'art de guérir.

Il est lamentable de voir la prétendue science de la médecine officielle venir, après de suprêmes efforts, expirer dans un aveu de confusion : deux *Princes* contemporains de la médecine, professeurs à la Faculté de Paris, tous deux d'une haute valeur personnelle au service d'une cause perdue, déclarent en tête de leur grand Dictionnaire de Médecine : que *dans l'état actuel de nos connaissances médicales, la science écrasée par l'abondance des détails et la multiplicité des faits, semble se perdre à l'infini dans l'étude des petites choses, pour se noyer dans de longues et fatigantes descriptions*. (Textuel.)

Après cet aveu de confusion, on pouvait espérer voir une tentative sérieuse de débrouiller le chaos de la prétendue science médicale, de marcher à la découverte des grands principes et de la grande Loi qui relie ces principes dans l'unité de la science et de la Vie. Il n'en est rien. On ne voit aucune idée générale sillonner les détails infinitésimaux, innombrables et confus des faits d'observations analytiques, pour les faire converger vers la SYNTHÈSE UNIVERSELLE, seule capable de les coordonner.

Pourquoi cette lacune et cette étrange impuissance de la plus brillante érudition ! Chose profondément triste à constater ; parce que nous l'avons déjà fait remarquer, les études classiques paralysent et atrophient la faculté généralisatrice de la pensée et génésique du génie, la seule capable d'émanciper l'esprit humain et de l'élever à la souveraineté de la raison majeure. L'oblitération de cette faculté de l'intelligence, causée par les études analytiques, est poussée au point que les docteurs-médecins, qui ne sont pas d'une trempe intellectuelle supérieure, perdent le sens commun sur certains points, ne voient plus comme tout le monde, et se trouvent dans l'impuissance de comprendre l'Unité Physiologique, l'Unité et la Simplicité de la Médecine Naturelle, que toutes les personnes non oblitérées par une fausse instruction comprennent et pratiquent si bien !

Deux autres causes insurmontables empêchent la plupart des docteurs de se rallier aux grandes et simples vérités de la Médecine naturelle ou Renaissance de l'Art de Guérir :

1° L'état de minorité de l'esprit des docteurs en général ; car ces savants ne sont pas affranchis de leurs maîtres, dont l'opinion pour eux, fait loi, et tient lieu de l'autorité de la science qu'ils n'ont pas encore. En effet, devant la science, la vraie science, il n'y a plus ni opinion, ni autorité personnelle, mais seulement les démonstrations et l'autorité absolue de la SCIENCE qui met l'accord et l'égalité entre tout le monde ;

2° L'Association formidable des médecins qui couvre la France, qui asservit la liberté personnelle et subordonne les sentiments les plus généreux de ses membres aux intérêts matériels de la vaste corporation, légion inconsciente et irresponsable, ne connaissant que ses appétits, et n'ayant pour loi suprême que son instinct brutal de conservation, au grand préjudice de l'humanité souffrante. — Toute association ou institution non fondée sur la loi morale de solidarité humaine n'est-elle pas fatale aux intérêts de l'humanité ?

On va voir à quel point la médecine dominante contemporaine, asservie à l'esprit de corps, repousse systématiquement la lumière qu'elle ne croit pas favorable à ses intérêts. Nous reproduisons plus pas le Document que nous avons communiqué, à nos frais, à plus de six mille docteurs, par la voie d'un journal académique, *l'Union Médicale*. La conspiration du silence s'est faite sur cette considérable publication. Quelques docteurs seulement nous ont répondu discrètement : Courage !

Le lecteur instruit verra, non sans surprise, qu'une classe d'hommes, de haute valeur personnelle, telle que les médecins, ait fait la sourde oreille ou n'ait pas répondu à ce document publié le 3 août 1880.

Cette seconde grande tentative, pour faire triompher la Vérité médicale des erreurs et des intérêts abusifs d'une redoutable corporation qui dispose de la Vie des hommes, seule et sans contrôle possible, a été suivie de la détection des premiers membres de la *Société physiologique de Médecine et de Pharmacie*, à la riposte de de la Médecine officielle par un procès en police correctionnelle contre un malheureux exerçant la Médecine Naturelle avec trop de succès dans le département de la Vienne.

Ma persévérance dans la lutte a été constante. On sait mon établissement modèle de la Médecine Naturelle des Plantes dans la Colonie de la Santé, au Mont-Valérien, près la gare de Suresne, et sa destruction en 1883, consommée sous l'inspiration doctorale et rapportée précédemment.

Depuis cette date et ma réinstallation à Nice, je publie le *Petit Abrégé* de la **Méthode Hureaux** *des Cures Végétales*, et dans ce Petit Abrégé les Considérations Morales et Scientifiques suivantes :

CONSIDÉRATIONS MORALES ET SCIENTIFIQUES

dédiées aux personnes qui ont justement perdu confiance dans la Médecine classique, et aux gens de cœur et de sens commun.

I. Début nécessaire de la Renaissance Médicale par l'initiative privée.

Nous allons dire pourquoi la Corporation médicale et l'État lui-même ne sont point aptes à prendre l'initiative de la Réforme de la Médecine officielle. Entreprise pressante que l'avenir placera au nombre des événements les plus heureux pour l'Humanité.

La funeste ignorance du public en fait de médecine, et surtout celle du public lettré dont les dispositions naturelles sont déviées par une fausse instruction, la profonde ignorance de nos gouvernants eux-mêmes, sur les choses et le fatal esprit de corps de la médecine tombée dans la négation de son principe, et dont ils maintiennent le privilège insensé; voilà les causes qui nous perpétueraient fatalement dans toutes les douleurs de la maladie, sans une initiative privée pour nous en délivrer.

Comme noblesse, lumière oblige. C'est par devoir de conscience que j'ai mis au service de cette grande et redoutable cause le fruit de mes études approfondies, par les perspectives nouvelles de la Synthèse physiologique de l'homme, greffée sur le sauvageon de la science analytique du passé, et qui constitue la Science supérieure de l'avenir.

C'est une grave erreur de croire qu'un travailleur studieux, retiré en lui-même, affranchi de la routine et des préjugés des sciences négatives à la mode ne puisse acquérir une connaissance générale de la médecine, supérieure à celle des milliers de médecins de son temps, groupés et asservis à l'esprit de corps et aux intérêts aveugles, inconscients et irresponsables de la corporation médicale. En effet, l'Art et la Science, comme tout principe, ne se décrètent pas à la majorité des voix ; le nombre n'y fait rien, et tout individu peut avoir raison seul contre tous. D'ailleurs, le simple bon sens commun domine aisément nos grands docteurs égarés dans le labyrinthe de leur science des esprits mineurs.

C'est une autre erreur, qui a la plus terrible conséquence, de penser que le Triomphe de la Santé sur la maladie ne puisse être que l'Œuvre de l'imposante corporation officielle des médecins-docteurs. — Toute corporation n'est-elle pas la Bête inconsciente et irresponsable, dont la loi fatale est de satisfaire ses appétits brutaux, au prix du sacrifice de toute humanité et de la liberté de ses membres ? Donc l'homme libre, dans sa souveraineté scientifique et morale, plane sur les membres asservis des corporations, et est plus apte que celles-ci à accomplir de grandes œuvres. L'histoire ne nous apprend-elle pas que les grandes enjambées du progrès humain sont dues à l'initiative privée ?

C'est fort des lumières de la Science de Vie et de mon expérience que j'ai pris le fardeau de l'Œuvre de Santé.

Quelque réduits que soient mes efforts par les combats et les sacrifices, je m'affirme avec une invincible vitalité dans la 44me année de mon initiative de la *Renaissance de la Médecine Naturelle*, qui restera une nouvelle victoire de cette grande Œuvre militante d'Humanité, remportée sur les lourdes persécutions et sur la médecine systématique des minéraux et des poisons, par la progression de ses merveilleuses Cures d'Hgiène Végétale.

A côté de la déception des oppresseurs, c'est le juste triomphe de l'opprimé ! Oui, de mon triomphe ; n'ai-je pas été cruellement injurié et opprimé ! Et ce n'est pas un vain triomphe ! c'est le triomphe de la vérité, de l'équité, de l'Humanité incarnées en ma personne, je l'affirme, je le confirme ; car je suis tout cela. Je n'ai pas besoin qu'on vienne me le dire ; ma conscience en témoigne absolument et cela me suffit.

Plus que jamais, c'est un devoir moral de Solidarité humaine, de remettre en lumière et en saine pratique la *vraie science* et l'*art naturel* de guérir.

II — Nécessité absolue — Intérêts de l'humanité. — Principes scientifiques de la Renaissance Médicale.

La science de nos docteurs classiques a délaissé l'objet principal de la médecine, qui est de guérir, pour se perdre dans la confusion analytique infinitésimale de la maladie.

Le Docteur Bouchut, l'un des professeurs les plus distingués de la Faculté de Paris, un prince de la médecine, comme l'on dit, écrit en tête de l'introduction de son grand Dictionnaire de médecine et de Thérapeutique : *Dans l'état actuel de nos connaissances médicales, la science, écrasée par l'abondance des détails et la multiplicité des faits, semble se perdre à l'infini dans l'étude des petites choses, pour se noyer dans de longues et fatigantes descriptions* (textuel). Partout les auteurs les plus autorisés s'accordent à reconnaître que, pour eux, l'*art de guérir est encore à faire.* Il y a quelques années le docteur Valpeau déclarait en pleine académie de médecine : *qu'il est préférable de ne pas recourir à la médecine.* Dans ses lettres au célèbre Docteur Bretonneau, le Docteur Chauvet (de Tours), avoue en ces termes que *: La médecine classique, comme doctrine, est une profonde absurdité ; comme pratique, un danger public.*

A ces aveux échappés des *maîtres* de la science *mineure* il faut ajouter des volumes de savante démonstration que la Médecine s'égare et recule : moi-même j'en ai journellement la preuve dans l'inspection de pitoyables ordonnances et traitements suivis qui ont aggravé ou prolongé la maladie. On peut dire que souvent l'Art et guérir n'est plus même à la hauteur d'un métier ; qu'il est tombé à un état de choses que je ne peux pas nommer. Cela vous attriste profondément, et vous entraîne à redoubler de courage pour faire cesser la terrible calamité qui pèse sur les existences humaines !

Les effrayants effets de cet état de choses trop véridiques sont les égarements perpétuels de la médecine en thérapeutique : abus des poisons et des produits chimiques succédant aux abus des saignées, sangsues, vésicatoires, etc., etc., débordements de spécialités pharmaceutiques et charlatanesques, oubli des droits de la nature et de l'humanité, contradictions et anarchie des systèmes, pépinières de malades ; aggravation et entretien de malades ; finalement, dégénérescence humaine, malgré les progrès et le refuge de l'hygiène.

Voilà où nous a conduit le monstrueux privilège de la médecine, laissé à une corporation dont l'esprit de corps inconscient est celui de la force brutale et aveugle ; dont les appétits dévorants de la bête irresponsable trouvent une proie palpitante de vie humaine dans l'ignorance publique, si soigneusement entretenue par l'imbroglio médical officiel. Contradiction humiliante de notre Nation soi-disant libre, et de notre Epoque soi-disant siècle des lumières ! Letirés et Dirigeants de ce monde, vous êtes bien des esclaves du despotisme médical, constitué en puissance bien autrement dangereuse que le despotisme religieux.

Par son enseignement exclusivement analytique, la corporation officielle des médecins, inféodée et fermée au progrès et à l'œuvre de Santé, étiole le sens naturel de généraliser et de synthétiser de ses docteurs, qu'elle condamne à une médecine de pièces et de morceaux, et qu'elle rend absolument impropres à comprendre et à pratiquer l'Art synthétique ou naturel de guérir. Enfin, ne voit-on pas ce même enseignement classique, perdu dans le dédale de l'analyse d'où il ne peut facilement sortir, retarder notre Emancipation Scientifique, comme si la Science, que nos maîtres veulent perpétuellement conduire en lisière, n'était pas la Souveraine qui nous apporte le Salut dans l'alliance de la Synthèse donnant la lumière et la vie, avec l'analyse confinée dans les ténèbres de la mort.

Il fallait trouver le Remède à tant de maux. J'ai trouvé le Remède dans l'Ecole nouvelle de la Synthèse physiologique universelle greffée sur le sauvageon Doctoral de l'Analyse, d'où résulte la Science Supérieure de l'avenir, Science que je *professe* et de laquelle résulte la simple et souveraine Médecine de la Nature.

PROF. HUREAUX.

LA SCIENCE UNIVERSELLE DE VIE

INTRODUCTION

Une méthode d'études scientifiques de la Vie, prenant pour point de départ le SENTIMENT D'HUMANITÉ, et pour guide la RAISON MORALE DU CŒUR, au lieu de la raison égoïste de l'intelligence humaine, a conduit l'Auteur à la découverte d'une Science supérieure, inconnue du monde :

La SCIENCE UNIVERSELLE DE VIE, foyer de la *Lumière Nouvelle*, qui donne la solution mathématique du grand problème posé par les temps.

La Nouvelle Science donne aux Vérités morales et sociales une démonstration rigoureusement exacte, et émancipe l'esprit humain en l'élevant à la conception de la Raison Universelle de l'Humanité.

L'homme parvenu à la souveraineté intellectuelle et morale par la Science Universelle de Vie, s'oriente dans le mouvement vital de l'univers, et constate le point précis où nous en sommes dans la marche évolutionnaire du monde.

La Lumière Nouvelle nous montre positivement que nous sommes arrivés à l'âge de majorité morale, en coïncidence parfaite avec la grande Révolution Scientifique nécessaire suivante :

Les Sciences analytiques, qui sont l'enfance de la Science proprement dite, en rapport avec l'âge critique de puberté sociale de l'Humanité, ont aujourd'hui rempli leur rôle d'analyse ; dans un immense examen de conscience, elles ont mis à nu l'erreur et le vice qui ont détourné la Société Chrétienne de son but évangélique de progrès et d'émancipation humaine.

Actuellement commence le rôle tout nouveau de la Science Synthétique universelle, qui est la Science de vie majeure indispensable à notre Majorité Morale ; parce qu'elle est seule capable de nous révéler les hautes vérités de la vie, et la pratique des vertus sociales majeures.

Privés des lumières souveraines de la Synthèse universelle, les philosophes n'ont jamais pu acquérir les vérités supérieures, fermées fatalement à toutes les recherches analytiques et à tous les systèmes ne comprenant pas l'Univers entier.

Frappés de minorité intellectuelle et morale par les conclusions essentiellement négatives des sciences mineures, ou livrés aux expédients d'une autorité spirituelle éteinte, tous les hommes dirigeants de l'époque : gouvernants, prêtres, législateurs, magistrats, universitaires, radicaux, socialistes, sont incapables de s'élever à la hauteur de l'état de majorité morale, et ne sont propres qu'à maintenir le monde dans les divisions éternelles de la politique, s'ils ne sortent du cercle vicieux du passé.

Pour la même raison, tous les auteurs de systèmes sociaux et promoteurs de rénovation sociale ont laissé à leurs œuvres et à leurs tentatives les empreintes indélébiles d'impuissance et d'incapacité enfantines.

Dans l'ignorance des vérités supérieures et des vertus sociales nécessaires, tous ont commis l'erreur fatale de prétendre substituer l'harmonie au chaos du monde éternellement discordant.

La Science de Vie nous donne la démonstration absolue que dans la crise formidable de l'époque, il n'y a ni question sociale, ni salut social pour les peuples, politiquement parlant, mais uniquement pour les individualités humaines, se régénérant par l'Émancipation physique, intellectuelle et morale, et se constituant en Société morale majeure.

C'est ainsi que la Science de Vie nous place sur la voie de résoudre le grand problème posé par les temps.

Avec son Autorité morale mathématique et son critérium de certitude absolue, la Science Universelle de Vie nous apporte le plan, la Loi et les Principes de la Société Morale supérieure de l'Humanité future, qui doit surgir du monde éternellement divisé, comme l'arbre vivant surgit du sol éternellement désagrégé.

Ce n'est donc pas le monde, fatalement régi par l'égoïsme, par la raison matérielle et les expédients de la politique, qu'il s'agit de changer dans sa constitution hétérogène, nécessaire à la désagragation et à la consommation des peuples déchus de la Vie Morale, comme les forces désagrégeantes de la Nature sont nécessaires à la division et à la consommation des corps morts, pour permettre à leurs éléments, devenus libres, de rentrer dans la Vie végétative terrestre.

C'est pourquoi la Doctrine de Vie convoque, sous le drapeau harmonique de l'avenir, les personnalités libres détachées du monde et réveillées à la conscience universelle, dans le but de former avec elles le premier noyau de la Société future, Société chrétienne primitive, passée majeure.

Nous sommes à l'heure marquée de la consommation et du départ digestif des peuples, dans l'acte physiologique universel de la séparation des hommes du passé, tombés en léthargie morale, et des hommes de l'avenir réveillés à la conscience humanitaire; de même qu'en la fonction digestive humaine s'accomplit, à ses heures, la séparation duodénale des rebuts alimentaires d'avec la quintessence nourricière qui prend la voie ascendante des splendeurs de la vie organique.

C'est un acte de justice éternelle qui va s'accomplir inévitablement dans ce grand classement nouveau du genre humain entre les vivants et les morts à la conscience universelle, en vertu de la Loi suprême de vie et sous l'empire d'une Révolution morale.

A la lumière de la Science morale universelle, les consciences mortes dévoilées entreront en folie furieuse par leur propre condamnation et leur perte; les consciences déjà réveillées à la raison morale du cœur brilleront d'un éclat infini;

Les vertus sociales majeures éclateront en elles;

Les caractères se relèveront par de grands actes de solidarité;

Les légions de personnes ressuscitées à la morale universelle par la Science de Vie verront le monde d'égoïsme, de ruses, de fraude et de haine, dans sa réalité hideuse, et le fuiront comme un cadavre en décomposition, pour se rendre dans les Colonies de renaissance sociale, créées avec amour par la Raison Souveraine du cœur.

Car de la raison morale du cœur procède la puissance créatrice sociale, seule capable de nous délivrer des douleurs du monde.

Le cœur humain, réveillé à la conscience universelle, s'affecte de toute peine d'autrui, quelle qu'en soit la cause, et désire le bonheur de tous.

Ce désir spontané, absolu, ce mouvement humanitaire du cœur, supérieur à tous les raisonnements de l'intelligence humaine, parce qu'il est la conséquence logique de sa morale absolue, détermine les conditions fondamentales de la Société qui doit nous rouvrir, dans tous les rapports de l'Humanité nouvelle, les voies du bonheur fermées par l'égoïsme incurable du monde, nous rendre aux joies de la *Famille*, au bien-être du *Travail*, à la jouissance de la *Propriété* et au respect de la *Justice* les uns envers les autres.

La Science Sociale du Cœur pratique partout une logique absolue dans ses créations.

Aux quatre points cardinaux de la Société qu'elle fonde, se dressent les éternels principes de Famille, de Travail, de Propriété et de Justice, élevés à la majesté de leur évolution majeure.

Au couronnement de l'édifice règne la Loi Suprême : la Solidarité Sociale procédant des principes pour en garantir l'inviolabilité.

De la Loi sociale découlent tous les devoirs et tous les seuls droits légitimes, et la délimination précise du vice et de la vertu ; car sont identiques et une la Loi Sociale et la Loi morale éternelle. . . . .

(A continuer dans les livraisons suivantes).

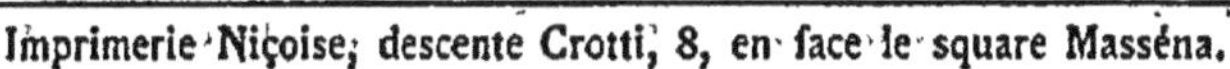

Imprimerie Niçoise, descente Crotti, 8, en face le square Masséna.

PUBLICATION

DU

LIVRE DE VIE

en 48 Livraisons à 25 centimes

et en deux volumes formés des 48 livraisons au prix de 10 francs

---

AVIS IMPORTANT

Les six premières Livraisons parues réunies en un fascicule, donnent un aperçu général du grave et vaste sujet traité dans l'Ouvrage entier.

La publication de l'Ouvrage en deux beaux volumes formés de 48 Livraisons aura lieu, et les Livraisons continueront leurs cours, seulement quand les frais d'impression seront couverts par les souscriptions à l'Ouvrage complet, en raison de 10 francs payables contre réception des deux volumes. On est donc prié de vouloir bien souscrire à un ou plusieurs exemplaires.

www.ingramcontent.com/pod-product-compliance
Lightning Source LLC
LaVergne TN
LVHW020406230826
846091LV00004B/1160

* 9 7 8 2 0 1 2 7 8 2 6 7 9 *